授業の腕が上がる新法則シリーズ

「生活科」

授業の腕が上がる新法則

監修　谷 和樹

編集　勇 和代・原田朋哉

学芸みらい社
GAKUGEI MIRAISHA

刊行のことば

谷　和樹（玉川大学教職大学院教授）

1　「本人の選択」を必要とする時代へ

今、不登校の子どもたちは、どれくらいいるのでしょうか。

約16万人※1

この数は、令和元年度まで６年間連続で増え続けています。小学校では、144人に１人、中学校では、27人に１人が不登校です。

学校に行けない原因が子どもたちにあるとばかりは言えません。もちろん、社会環境も変化していますから、学校にだけ責任があるとも言えません。しかし、学校の授業やシステムにも何らかの問題があると思えます。

以前、アメリカでPBIS（ポジティブな行動介入と支援）というシステムを取り入れている学校を視察しました。印象的だったのは「本人の選択」という考え方が浸透していたことです。その時の子ども本人の心や体の状態によって、できることは違います。それを確認し、あくまでも本人にその時の行動を選ばせるという方法です。

これと教科の指導とを同じに考えることはできないかも知れません。しかし、「本人の選択」を可能にする学習サービスが世界的に広がり、増え続けていることもまた事実です。例えば「TOSSランド」は子ども用サイトではありませんが、お家の方や子どもたちがご覧になって勉強に役立てることのできるページもたくさんあります。他にも、次のようなものがあります。

①オンラインおうち学校※2
②Khan Academy※3
③TOSSランド※4

さて、本書ではこうしたニーズにできるだけ答えたいと思いました。

激動する社会の変化に対応する教育へのパラダイムシフト～子どもたち「本人の選択」を保障する考え方、そして幅広い「デジタル読解力」を必須とする考え方を公教育の中で真剣に考える時代が到来しつつあります。

そこで、教師の「発問・指示」をきちんと示したことはもちろんですが、「他にもこんな選択肢がありますよ」といった内容にもできるだけ触れるようにしています。

2 「デジタルなメディア」を読む力

PISA2018の結果は、ある意味衝撃的でした。日本の子どもたちの学力はそれほど悪くありません。ところが、「読解力」が前回の2015年の調査に続いて今回はさらに落ちていたのです。本当でしょうか。日本の子どもたちの読解力は世界的にそれほど低いのでしょうか。実は、他のところに原因があったという意見もあります。

パソコンやタブレット・スマホなどを学習の道具として使っていない。

これが原因かも知れないというのです。PISAがCBTといってコンピュータを使うタイプのテストだったからです。

実は、日本の子どもたちはゲームやチャットに費やす時間は世界一です。ところが、その同じ機械を学習のために有効に使っている時間は、OECD諸国で最下位です。もちろん、紙のテキストと鉛筆を使った学習も大切なことは言うまでもありません。しかし、写真、動画、Webページなど、全教科のあらゆる知識をデジタルメディアで読む機会の方が多くなっているのが今の社会です。

そうした、いわば「デジタル読解力」について、今の学校のカリキュラムは十分に対応しているとは言えません。

本書の読者のみなさんの中から、そうした問題意識をもち、一緒に研究を進めてくださる方がたくさん出てくださることを心から願っています。

※1　文部科学省初等中等教育局児童生徒課『平成30年度児童生徒の問題行動・不登校等生徒指導上の諸課題に関する調査結果について』令和元年10月　https://www.mext.go.jp/content/1410392.pdf

※2　オンラインおうち学校（https://www.alba-edu.org/20200220onlineschool/）

※3　Khan Academy（https://ja.khanacademy.org/）

※4　TOSSランド（https://land.toss-online.com/）

まえがき

1. 時代は変わっても

たとえ先生方の学校が、どんな都会にあっても、「私の学校にはまだまだ自然がある」と考えるのか。「私の学校にはもう自然がない」と考えるのかで、生活科は、楽しくもなり、つまらなくもなります。

「私の学校には自然が少ない」と考えると、体験よりも、知識を注入することに偏ります。「私の学校には自然が少ない」だから「教科書や図鑑からしか学べない」という発想になることはあまりにも寂しいことです。しかし、子どもたちの体験を保障しながら、知識を獲得させていく方法は、思っている以上にたくさんあります。都会に住んでいても、身の周りにある自然を【見つける】目を養っていく方法があります。例えば、学校に計画的にビオトープ（色々な種類の生きものが、自分の力で生きていくことのできる自然環境をそなえた場所のこと）を作ることもできます。簡易的には、一つの学校園（管理園）に手を加えず、しばらく放置しておくと、いずれ雑草園になり、そこに新しい生態系が生まれます。そうした自然を手に取り、何かできないかと【試す】こともできます。そこを出発点として、雑草園と登下校の道沿いの自然の違いを【比べる】ことで、自然の種類がどう違うかを【考える】こと。さらに、都会の中で自然がどう生きているのかを【知る】こと。どういった変化をしていくのかを【見通す】ことができるかもしれません。こういった姿が、本来、子どもたちにさせたい【体験】ではないでしょうか。

2. 生活科の課題を踏まえて

今までの生活科の課題として、「体験あって学びなし」ということがよくあげられてきました。ただ体験させるだけではだめだということです。

その課題を克服するために、新学習指導要領の改訂では、「具体的な活動や体験を通して、身近な生活に関わる見方・考え方を生かし、自立し生活を豊かにしていくための資質・能力を次のとおり育成することを目指す」という目標の改善がされています。

「言葉と体験活動の重視」・「主体的な子どもの学習活動（気づき）」

は、新学習指導要領でも変わらず重視することになっています。

・「活動あって学びなし」とならないように、子どもにつけたい力や目標・ねらいを明らかにし、それらを達成するための活動となるようにすること
・スタートカリキュラムの更なる充実・他教科等との関連を図ること
・「幼児期の終わりまでに育ってほしい姿」をもとに幼稚園や保育所等と連携するなど、幼児期における教育との円滑な接続を進めていくこと

が一層充実をはかるものとしてあげられています。

3．本書の構成

①フルカラー

②文字を少なくし、イラストが豊富

③見開き２ページで見やすい

④タイトルで要旨がわかる

⑤項目ごとに全体構造図を設けわかりやすく

すべての項目の前に、見開き２ページ（全体構造図）で、「おさえたい言語」「他教科との関連」「新学習指導要領との関連」「中学年との接続」「幼少の連携」などを入れるようにしました。

⑥気づきを高める発問

生活科で、新学習指導要領に示された「主体的・対話的で・深い学び」を実現させるためのキーワードは【気づき】です。その【気づき】の質を高める授業づくりのために、子どもが「見つける」「比べる」「たとえる」「見通す」「工夫する」技能がつくような発問を入れて授業展開を構成しています。

⑦わかりやすく評価と一体化した授業目標

生活科の授業で条件とする「体験活動」と「言語活動」を軸に、【思考力・表現力・判断力等】【知識・技能】【学びに向かう力・人間性等】の三つの評価と連動した授業目標を設定しています。

わかりやすさを追究するために、生活科チームの先生方には、何度も書き直しをしていただきました。若い先生にもベテランの先生にも手にとっていただき、生活科の授業を「体験あって学びなし」の授業にしないために、本書を参考にされ、子どもたちに実践をしていただければ幸いです。

原田朋哉

I　1年生

1　がっこうだいすき

2　げんきにそだて わたしのはな

3　なつとなかよし

もくじ

Ⅱ　2年生

もくじ

がっこうだいすき・全体構造図

▶▶スタートカリキュラムを意識して、保幼小連携を行おう。

1. がっこうだいすき　全14時間

小学校生活スタートカリキュラム期に
生活科は、重要な役割がある。

比べる	見つける	たとえる
例：同じだな。違うな。	例：初めて見た。知らなかったな。	例：ふわふわして雲みたいだな。

保育園・幼稚園 → 小学校入学　第1単元はスタートカリキュラムを意識して

幼児期に育てたい10の姿

- 健康な心と体
- 自立心
- 協調性
- 道徳性・規範意識の芽生え
- 社会生活との関わり
- 思考力の芽生え
- 自然との関わり・生命尊重
- 数量や図形、標識や文字
- 言葉による伝え合い
- 豊かな感性と表現

第1次　きょうからいちねんせい　2時間

スタートカリキュラムを意識して
1年生を迎える

①歌（手遊び）　②あいさつ
③ランドセルのしまい方　④お道具箱の使い方
⑤靴箱の使い方　⑥登校してすることのまとめ

第2次　みんなとなかよくなりたいな　4時間

手でふれ合いながら相手とわかり合う

①友達を作るにはどうするか
②握手の仕方はどうするか
③名前をノートに書いてもらおう
④握手をしてどんな感じ
⑤握手の輪を広げよう

【到達させたい学習内容】

- 学校に慣れ、生活リズムを整えていく。
- 学校や通学路の探検を通して、学校は楽しいところだと知る。
- 新しい先生や友だちのことがわかる。

次単元以降に授業化していく

見通す	工夫する	試す
例：明日もやってみよう。	例：友達と何をしようかな。	例：次はこうしてみよう。

第2単元へ

主体的な子どもの学習活動（気づき）

- 知識技能の基礎
- 思考力、判断力、表現力などの基礎
- 学びに向かう力
- 人間性等の涵養

言語活動

語彙の獲得

第3次　がっこうたんけんにいこう　6時間

学校のお気に入りを見つけよう

① 先生と探検　② 上級生と探検
③ インタビューの仕方　④ 自分たちで探検
⑤ 見つけたよカード作成・発信

第4次　つうがくろをたんけんしよう　2時間

安全な登下校が出来るようにする

・通学路にはどんな秘密があるかな？

気づきの質を高めるための工夫

- 話し合い活動
- 言葉で記録する

生活科の目標

具体的な活動や体験を通して、身近な生活に関わる見方・考え方を生かし、自立し生活を豊かにしていく。

（勇　和代）

きょうから１ねんせい

▶▶スタートカリキュラムを意識して１年生を迎える。

先生と一緒に歌いましょう（幼稚園・保育園時代によく歌う歌など）。

♪「はじまるよ」♪「キャベツのなかから」♪「グーチョキパー」など。座席は、スクール形式ではなくグループの座席にするほうが幼稚園との段差が低い。

1.あいさつを教える

朝、学校に来て一番にしたことは何ですか？

子どもたちに発表してもらう。その後、次のイラストを見せる。

朝、学校でお友達と会いました。
なんと言っていますか？

じゃあ、今からグループのお友達と挨拶の練習をしてみましょう。

先生は、あいさつ名人を見つけますね。

あいさつ名人の子どもたちに前に出てきてもらい、あいさつをしてもらう。

明日の朝も上手にあいさつしてね。「出来たかな？」ってみんなに尋ねるよ。

2.ランドセルのしまい方

ランドセルの中から教科書やノートを出す練習をする。

ランドセルの中身を出して、机の中に入れましょう。

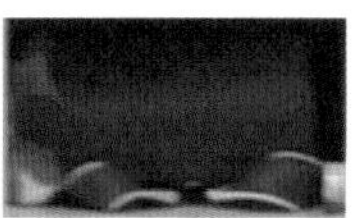

ロッカーには、ランドセルの上のほうを前にしてしまわせる。理由は、肩ひもがロッカーより出てしまうと、ランドセルが落ちやすいからと説明している。

3. お道具箱のしまい方

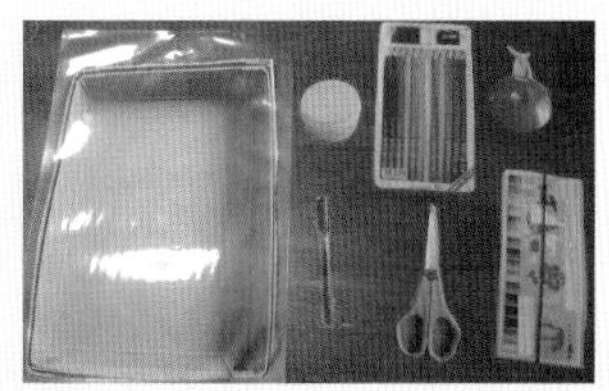

- お道具箱に入れるものの写真を撮る。
- ラミネートして切り取る。
- 裏に磁石を貼る。
- 黒板に貼り、どこに何を入れるのかを示しながら、一緒にお道具箱にしまう方法を教える。

4. 靴箱の使い方

靴箱に靴や体育館シューズ、上靴袋を入れた様子を写真に撮り、靴箱の上に置く。これを見せながら、実際にしまってみる。

ポイントは、教えて、実際にやらせてみて、褒めること！

今日の靴箱名人は○○さん！
ロッカー名人は○○さん！

と褒めると他の子も頑張るようになる。

あさ がっこうに きて すること

① しょくいんしつで せんせいに あいさつをする。
② くつを うわぐつに はきかえる。
③ せんせいや ともだちに あいさつをする。
④ らんどせるの なかみを つくえの なかに しまう。
⑤ れんらくちょうや おてがみ、しゅくだいを まえの つくえにだす。
⑥ に を いれる。
⑦ らんどせるを ろっかーに しまう。
⑧ ちゃいむが なるまで あそぶ。

5. 朝学校に来てすること

朝学校に来てすることをまとめて、教室に貼っておく。これを見ると、自分で朝の片付けが出来るようになる。（勇　和代）

みんなとなかよくなりたいな

▶▶手でふれ合いながら相手とわかり合う。

横の子の名前を覚えた子は、先生のところに来ましょう。

入学して２～３日経った頃、聞いてみる。

横の子の名前を覚えた人は○人でした。
クラスの子ともっと友達になるには、どうしたらいいですか？

・一緒に遊ぶ　・親切にする　・鉛筆や消しゴムを貸してあげる
・名刺を交換する　・握手して名前を聞く

みんなはどれをやりたいですか？

名刺が人気である。これは、図工や特活の時間も使って作ることを告げる。今回は、生活科の学習として握手をして、友達と仲良くなることをやってみようと話す。

1.「あくしゅ」の仕方はどうするの？

この授業の前に、罫線のないノート（自由帳）を用意し、名前を書いて渡しておく。４人の子どもを前に出して、モデルとしてやってもらう。

「私は、○○です。握手してください」と言い、握手をし、ノートを交換してそれぞれの名前を書く。名前を書き終わったら、ノートを返し次の子に自分の名前を言って握手をして名前を書いてもらう。

こうして見本を見せるとわかりやすい。

2. どうして名前を「書く」のか、名前を言うだけではだめなの？

名前を聞くだけでは、だめなのか？　とも思われるが、名前を聞いただけでは、子どもたちは相手の名前を覚えられない。自分以外の子どものノートに、入学間もない頃の名前が残る。これは大きな記念になる。また自分の名前を何度も書くことで記名の練習にもなる。だから、ノートに書くことを勧める。

3. 「あくしゅ」をしてどんな感じがしましたか？

たくさんの友達と握手をしたら、どんな感じの手がありましたか？

・〇〇さんは、ごつごつしてた。
・〇〇さんは、冷たかったな。
・〇〇さんは、温かかったよ。
などの意見が出る。

いろいろな手がありますね。みんなの感想を聞いてどう思いますか？

顔と同じく、手にも表情がある。手で相手の気持ちもわかるというようなことまで追究出来たら良い。

4. 握手の輪を広げよう

例えば、 生きものと握手→「なつとなかよし」「あきみつけ」へ発展
他の人と握手→「がっこうたんけん」「広がれ笑顔（家族）」へ発展

というように、「あくしゅ」で今後の生活科の活動につなげることも出来る。

（勇　和代）

がっこうたんけんにいこう（1）

▶▶学校のお気に入りを見つけよう。

1．みんなで学校を探検しよう

〇〇小学校のお気に入りの場所を見つけます。
今日は２年生のお兄さん・お姉さんと一緒に探検しましょう。

入学してすぐの学校探検は教師と一緒に行く。２年生が案内してくれる学校もある。

「保健室」「飼育小屋」「校長室」「プール」などを一緒に探検する。

2. お気に入りの場所を知らせよう

〇〇小学校のお気に入りの場所はありましたか。お気に入りの場所で「もっと知りたいなぁ」ということをお隣と話してみましょう。

・校長室！ なんだか写真がいっぱいある。もっと見たいよ。
・音楽室だよ。どんな楽器があるのか知りたいよ。

学校の地図に自分がもっと知りたい場所・気になる場所のところへ名前を書いた付箋を貼る。

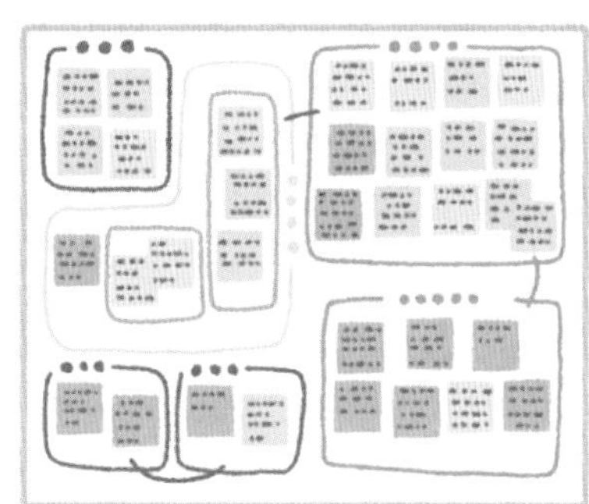

3. 学校の人と話してみよう

付箋をもとに、気になる場所が同じ子と３～４人のグループを作る。

探検に行ったときに、学校の人とお話しします。
インタビューしたいことは何かな？

インタビューカードに書く。

あいさつ名人になれるように練習しましょう。

いんたびゅうかあど

なまえ（ ）

きになるばしょ

ききたいこと

（寺田真紀子）

がっこうたんけんにいこう（2）

▶▶グループで、探検しよう。

1.行くぞ！　学校探検隊！

みんなは探検隊です。〇〇小学校の自慢を探検しに行きましょう。

首から下げる探検バッグのようなものが学校にあれば、それを使用する。

子どもたちは、ドキドキ、ワクワクしながら自分たちで探検を始める。

なお、前もって校長先生や、保健室の先生、音楽専科の先生などに声をかけておき、インタビューに協力してもらう。

2. 見つけたことを伝え合おう

みんなのお気に入りを見つけましたか？
探検で見つけたことを書きましょう。

「見つけたよカード」に書き込む。

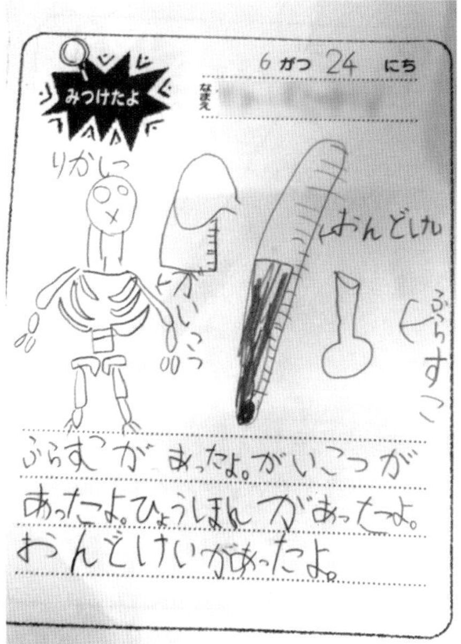

見つけたことを発表し、交流する。

発表しやすいように全体ではなく、グループで発表する。

〇〇さんの発表でいいなと思ったこと、
真似したいなと思ったことはありますか。

良いところを認め合い、振り返りをする。

（寺田真紀子）

つうがくろをたんけんしよう

▶▶通学路の様子に気づき、安全な登下校をしよう。

1. 通学路の様子を振り返ろう

みんなは学校に来るときに、何に気をつけていますか。

・車に気をつけている。
・信号を見て横断歩道を渡る。
・悪い人（不審者）についていかない。
・走って、転んで怪我をしない。

これは何でしょう。

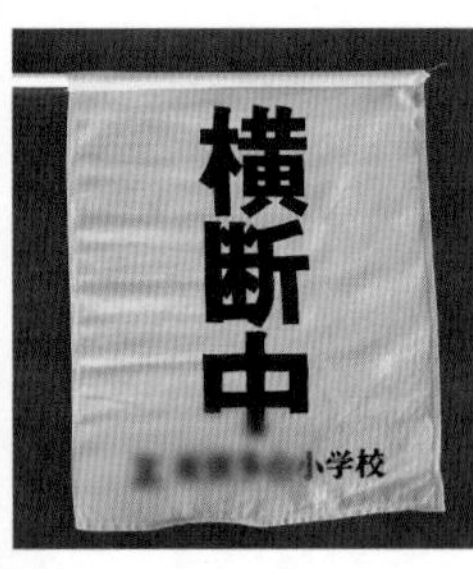

・横断歩道に、この旗を持っている人がいる。
・地域のボランティアさんが持っている。
・横断歩道を渡るときに、車が来ていないか見てくれている。
・「おはようございます」と声をかけてくれる。
・朝と学校から帰るときに会う。

子どもたちの発表から、自分たちの通学路の安全は地域の人たちによって守られていることに気づかせる。

他にもみんなを守る秘密はあるかな。探してみてね。

2. 通学路の秘密を紹介しよう

みんなが見つけた通学路の秘密を発表しましょう。

全体の場でいくつか取り上げ、紹介のイメージが持てるようにする。必要に応じて用意していた写真やイラストを掲示する。

・「とびだし注意！」の看板は他の場所にもあったよ。
・「こども 110 番」のマークはわたしの家の近くでも見たことがあるよ。
・おまわりさんがパトロールをしてくれていたよ。

同じものでも、様々な場所で見られることや、登校班の上級生など、身近で見守る人にも気づくようにする。

見つけたものをカードにまとめましょう。

がつ　　にち　てんき（　　）

［　　　　］をみつけたよ

みつけたもののえ

［　　　　］をみつけました。

［　　　　］にありました。

イラストを描くときには、黒板に掲示してある写真や教科書の挿絵などを見ながら描いても良いこととする。

早く出来た子どものカードから掲示していき、他の子どもたちの参考になるようにする。

こちらの
QR コードで
カードのデータを
DL 出来ます。

（山根麻衣子）

げんきにそだて わたしのはな・全体構造図

▶▶あさがおの観察を通して、植物の魅力を発見しよう。

2. げんきにそだてわたしのはな 全5時間

どんなはなを そだてたいかな

第1次 1時間

・観察したい花を決めよう。

たねを まこう

第2次 1時間

・種の秘密をさぐろう。
・2年生に助けてもらって種をまこう。

せわを しよう

第2次 1時間

・どんな世話がいるかな。
・毎日する世話は何かな。
・さらに元気に育つ世話は何かな。

学校で見た花

（例）

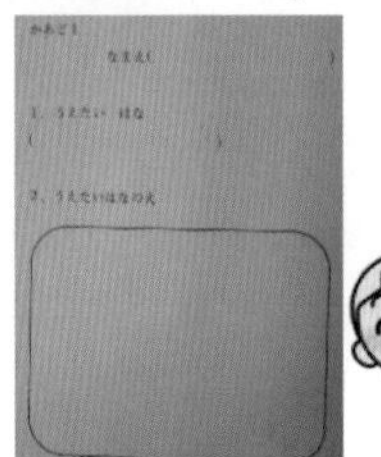

たねの中身は？

二年生とたねまき

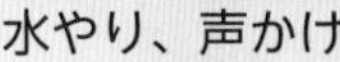

水やり、声かけ

はやく大きくなってね。

2年生が手伝ってくれて嬉しかったよ。

【到達させたい学習内容】

■ 植物を育てる中でその成長に関心を持つ。

■ 気づいたことや感じたことを話したり書いたりして伝える。

どんなはなを そだてたいかな

第2次 1時間

・細かく見て観察カードを書こう(直写)。
・葉っぱの模様はどうなっているかな。

たねを とろう

第2次 1時間

・花から実になっていく様子を観察しよう。
・実の中はどうなっているかな。

花のしぼんだところに種が出来るって知らなかった。

見本を敷いて直写する

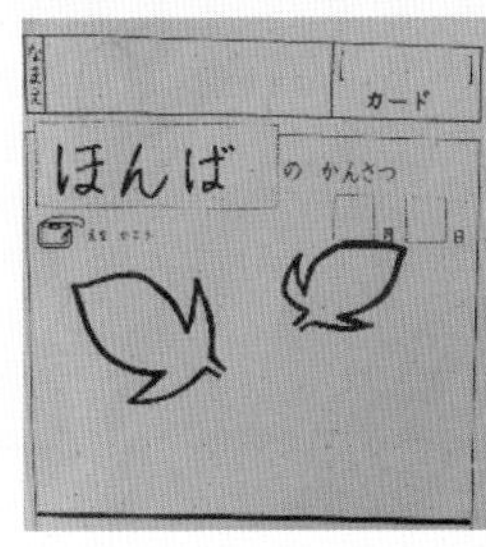

【かんさつしよう!】

〈見る〉 〈かぐ〉 〈さわる〉

・かぞえる ・はかる ・くらべる

(松浦由香里)

たねをまこう・せわをしよう

▶▶種に注目して、あさがおの世話の大切さに気づこう。

これは何の種ですか？

知っている子もいれば知らない子もいるので、いろいろな名前が出るだろう。

では、こちらは何の種ですか？

実物を見せたり、写真に撮って画面に映し出したりする。

これらは花の種です。
この小さな種の中には何が詰まっているのだろう？
お友達と相談してごらん。

・ちっちゃな花があると思います。
・栄養がいっぱい詰まっていると思います。
・葉っぱが入っていると思います。
・根っこもあると思います。……など、いろいろな意見が予想される。

「では、切って中を見てみます」と言って２つに切る。

・えーっ、空っぽだ。
・粘土みたいなものが詰まっている。
種の中に、花や葉っぱや根がないことに気づかせる。

では、どうしてこの小さな種から花がいっぱい咲くのだろう？
お友達と相談してごらん。

・水をあげるからだんだん大きくなる。
・土に埋めるから、土の栄養で育つと思う。
・お日様に当たるから、元気になる。
・肥料をあげたら、どんどん大きくなる。

花が大きくなるためには、水をあげたり、太陽が当たるところに置いたり、肥料をあげたりすることが必要なことに気づかせる。

これから、あさがおの種まきをします。毎朝水をあげたり、
「大きくなってね」と声をかけたりして、大きな花が咲くように
世話をしてあげましょう。芽が出て、葉っぱが出たら教えてください。

（松浦由香里）

はなのようすをつたえよう

▶▶毎日観察させる方法をひと工夫しよう。

これは何ですか？

「あさがお」とすぐに出る。毎日観察しているからよく知っている。

では、これは何ですか？

まだ、ふた葉しか出ていないときには「あさがおの葉っぱ」だと知らない子がいる。あさがおには２つの種類の葉っぱがあることに気づかせる。

では、この２つの葉っぱには、どんな模様がついているだろう。絵に描いてみよう。

葉っぱの形だけ描いた観察カードを配り、中の模様だけ描かせる。

いろいろな模様が出てくる。

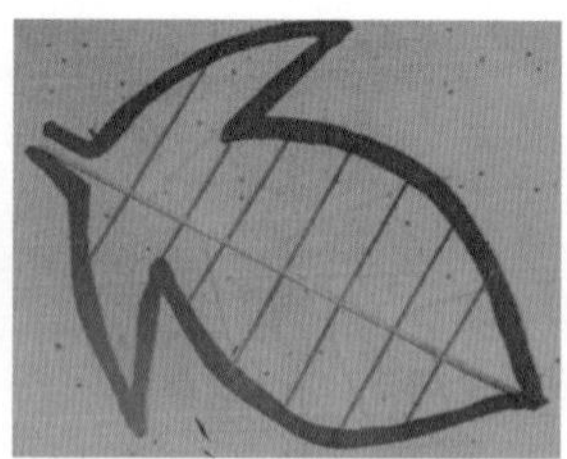

実際の模様を見せる。「真ん中の線から右と左に出ている線は同じところじゃない」との声が出る。葉脈の線がずれていることに気づかせたい。

あさがおの観察をするときは、葉っぱの模様のように細かいところまでよーく見ると観察名人になれます。

観察カードに描く時のポイント

① １つに絞って描く。葉っぱだけ、つぼみだけなど。

② 手本を敷いて直写する⇒葉脈を描く⇒色を塗る

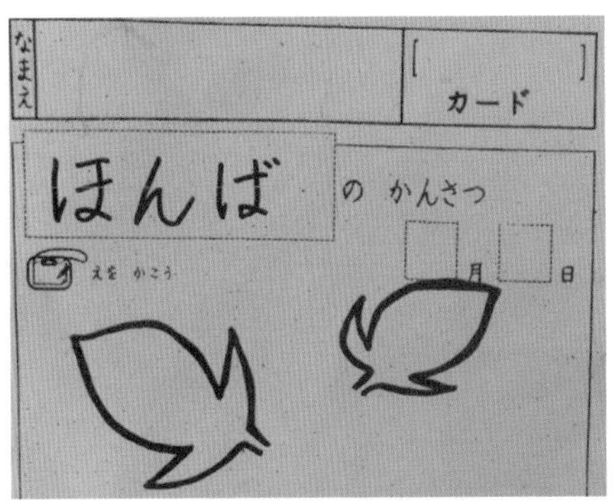

▲配付した観察カード手本に濃く葉っぱを描く。

▲手本を敷いて観察カードに葉っぱの形を写し、葉脈を描き色を塗る。

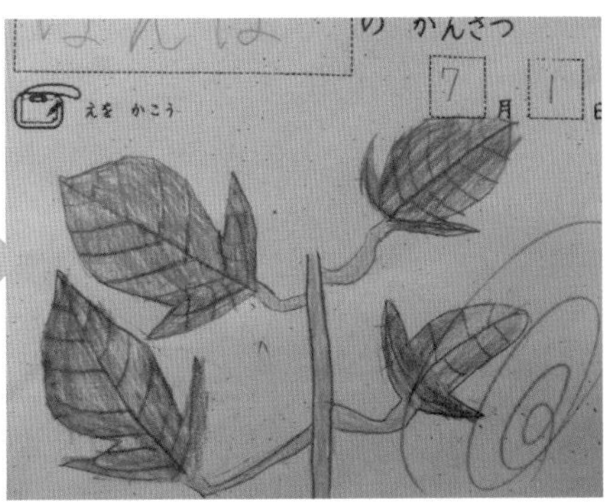

▲Ａ君の直写する前の観察カード

▲Ａ君の直写した観察カード

「直写」という活動はどの子も出来る。写すことで形を捉えることが出来、本物のようになる。子どもは写すことが好きになる。これは、葉っぱだけでなく、観察させたい他のものにも生かすことが出来る。

（松浦由香里）

たねをとろう

▶▶実の中はどうなっているのだろう。見てみよう。

あさがおの花が咲いた後の様子を順番に並べてみよう。

花がしぼみ、花の根元が膨らみ、膨らんだ部分が実になることに気づかせる。

この膨らんでいる部分の中に、もう種は入っているでしょうか？
お友達と相談してみましょう。

・もう膨らんでいるから入っている。
・入っているけど、まだ赤ちゃんの種だと思う。
・まだちょっと柔らかいから入っていない……など。

実際に割って見せる。
まだ、種は出来ていないけれど、種になる準備をしていることに気づかせる。

1つの花から種は何個採れるでしょうか？　予想してみましょう。

・このサイズが4個ぐらいだから4個だと思います。
・家で種採りをしたとき6個採れたから6個だと思います。
・この「がく」みたいなのが5枚あるから種も同じ5個だと思います。
・ちっちゃいのがいっぱい詰まっていると思います……など。

では、確かめてみましょう。

と言って実を割って中の種を数えさせる。
茎から実を外すときは、直接実に触ると割れてしまうので、そっと茎の部分を持って外すようにする。

ここを持つ

種採りをして気づいたことや思ったことを友達と交流しましょう。

・実の中に部屋があってその中に種が入っていた。
・中の種の数は、みんな同じではなかった。
・大きさもいろいろあった。
・形も同じではなかった。
・種の色も濃い茶色と黒があった。
・１つの花だけでこれだけいっぱい種が出来てすごい。
・他の花も同じかどうか調べてみたい……など。

▶実の中の３つの部屋

（松浦由香里）

なつとなかよし・全体構造図

▶▶夏の特徴に気づき、夏を楽しもう。

3. なつとなかよし　全６時間

既習体験

生活科
- 春の季節の観察
- 校庭・公園での遊び

国語科
- 話す聞く活動

幼児教育
- 栽培活動
- 土遊び
- 水遊び
- 創作活動

第１次　なつみつけ　１時間

・学校の中の夏、夏の花や生きものを発見する。
・春とのちがいは何かな？

第２次　なつとあそぼう　２時間

・砂遊びを楽しむ（崩れない山を作るにはどうしたらいいかな？）
・しゃぼん玉に挑戦（ストロー以外でも出来るかな？）

他教科との関わり

【国語】・話す・聞く・観察・記録の書き方
【音楽】・「うみ」・「はるなつあきふゆ」

【評価のポイント】

■ 夏の魅力に気づき、夏らしい遊びを工夫したりみんなに伝えたり出来たか。

【到達させたい学習内容】

■ 春との違いに気づくとともに、工夫して夏の遊びを楽しむ。

第3次　みつけたなつをつたえよう　2時間

・見つけた夏を花・虫・食べ物・遊びに分類する。
・同じ仲間を絵や文に表して紹介する。
・わかりやすく伝えるにはどんな工夫がいるかな？

第4次　なつやすみをたのしもう　1時間

・絵日記を描く。
・楽しく安全に過ごすためにはどんな約束がいるかな？

今後のつながり

3年理科
■ 気温・身の回りの生物・植物の成長

4年理科
■ 太陽の動き

5年理科
■ 流れる水のはたらき
■ もののとけかた

3年以上国語
■ 紹介文

【図工】・よくみて描こう
【体育】・みずあそび

（松浦由香里）

なつみつけ

▶▶夏野菜の花にも注目してみよう。

みんなが夏になったと感じるときって、どんなときかな？

セミの声が聞こえたとき。ひまわりが咲き始めたとき。汗をいっぱいかいたとき。プールに入りたくなったとき……など。

先生はニュースでこんな画像を見たときです。

この時計は何で出来ているでしょうか。

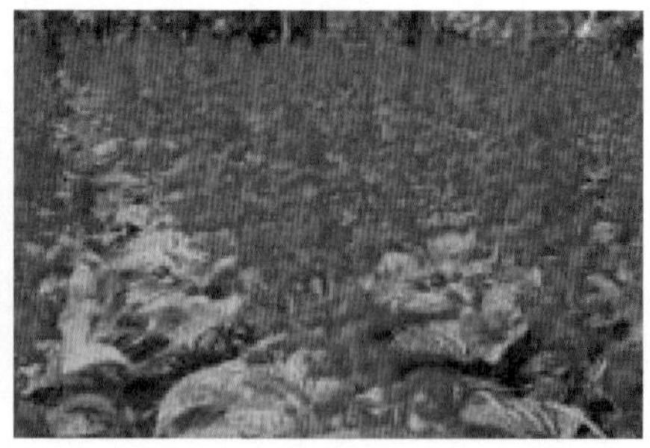

ダリア・サルビアなど夏の花で出来ていることに気づかせる。

夏に見られる花には、どんなものがありますか。

教科書や『わくわくずかん しょくぶつはかせ』などで探させたり、グループで競わせたりする。

この図鑑は見られる花が季節ごとに分かれており、探しやすい。また、コンパクトで持ちやすく図鑑で見た植物をその場で探し見つけることが出来る。

先生は学校でこんな花を見つけました。何の花でしょう。

オクラの花であることに気づかせる。学級園で育てている野菜の花にも注目させたい。

学校にはオクラの花の他にも、花がいっぱい咲いています。
いくつあるかな。探しに行きましょう。

（松浦由香里）

なつとあそぼう

▶▶いろいろな遊び方を工夫しよう。

1. 砂遊びに挑戦

これは何で作ってありますか。

砂で作ってあることに気づかせる。

砂を使って他にどんなものが作れますか。

・山・トンネル・川を作って水を流す・お城……などの意見が出る。

崩れない砂山を作るにはどうしたら良いと思いますか。お隣と相談しなさい。

・手でしっかり固める。　・砂を水で濡らしておく。　・山の土台は広くして、砂をいっぱい使う。

では、本当に崩れないか砂場に行って試してみましょう。

砂遊びをしていく中で子どもたちは、湿っている砂のほうが形が崩れにくいことに気づいていく。

《必要な準備》

1. 汚れてもいい服（体操服など）に着替えさせる。
2. 砂場を耕し、土を軟らかくしておく。
3. シャベル、バケツ、プリンカップ、水などを準備する。

2. しゃぼん玉に挑戦

しゃぼん玉を作りたいです。何を用意したらいいですか。

ストロー・しゃぼん玉の液・洗剤が入っている水・ハンガー……など。

このうちわでしゃぼん玉を作れると思いますか。

作れる·作れない、で意見が分かれる。実際に試してみる。

みんなは何を使ってしゃぼん玉を作りたいですか。
家にある物や学校にあるもので試してみましょう。

いろいろなものをしゃぼん玉液につけてみることで、ぐるっと輪になったストローの代わりになるものならしゃぼん玉が作れることに気づかせたい。

《必要な準備》

しゃぼん玉液の作り方
・台所用合成洗剤 ……10mℓ
・砂糖またはガムシロップ ……10g
・水（ぬるま湯） ……200mℓ
たらいで作ると大きなしゃぼん玉も作りやすい。

しゃぼん玉液につけるもの
・ストロー（細・太）
・ストローを束ねたもの
・ハンガーに布を巻いたもの
・うちわの枠　など

（松浦由香里）

みつけたなつをつたえよう

▶▶発表の型を用意しみんなにわかりやすく伝えよう。

どんな夏を見つけましたか。付箋１枚に１つの夏を書きましょう。

この付箋を同じ仲間同士にします。
どんな仲間がありますか。

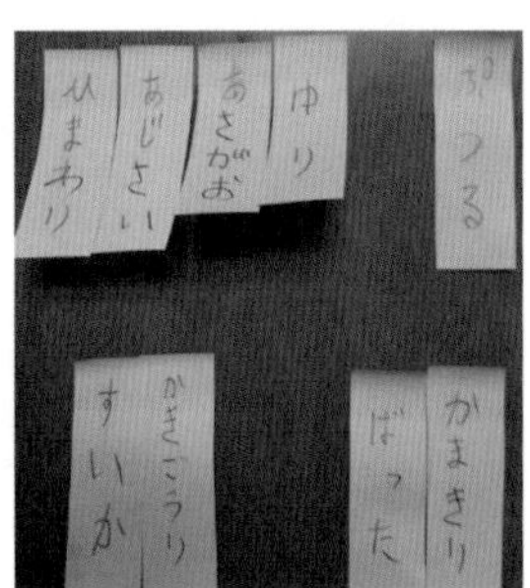

「花」と「虫」と「たべもの」と「あそび」に分けることを確認する。

付箋をこの４つに分けます。お隣と相談しながら４つに分けてみましょう。

この後、「花チーム」「虫チーム」「たべものチーム」「あそびチーム」に分かれて、夏図鑑を作る。見つけた夏をグループごとに絵で表す。

チームごとに自分たちの夏をアピールする文章を作ろう。

発表の型を示す。□に入れる言葉や文を考えて文章を作る。

《発表の型と、当てはめた文章例》

わたしたちは、なつの［　　　　］についてしょうかいします。

なつの［　　　］には、［　　　　　　］があります。

そのなかの１つ［　　］は、［　　　　　　　　］です。

みんなもなつになったら、［　　　　　］をみつけてください。

ぼくたちはなつの虫についてしょうかいします。
なつの虫には、オオカマキリやショウリョウバッタやアブラゼミがいます。
その中の１つショウリョウバッタのおすは、とぶときにキチキチとはねがなります。
みんなもなつになったら、ショウリョウバッタをみつけてください。

発表の後に質問タイムを取る。質問したり答えたりすることで思考力を高め、授業も深めることが出来る。この後のいろいろな活動に生かせる。

（松浦由香里）

みんなのこうえんであそぼう

▶▶公園のマナーを守って楽しく遊ぼう。

公園にはどんな人がやってきますか。

子ども、赤ちゃんをつれたお母さん、おじいちゃん、おばあちゃん……など。

公園はいろいろな人が利用していることに気づかせたい。

では、この大人は公園で何をしているのだろう。

・掃除をしている。
・ゴミ拾いをしている……など。

みんなの使う公園をきれいに安全に使えるようにしてくれている人がいることに気づかせたい。

みんなは公園が好きですよね。公園のどんなところが好きですか。

・広いところ。　・大きな木がある。
・遊具がいっぱいある。　・花も咲いている。
・日影があって涼しい……など。

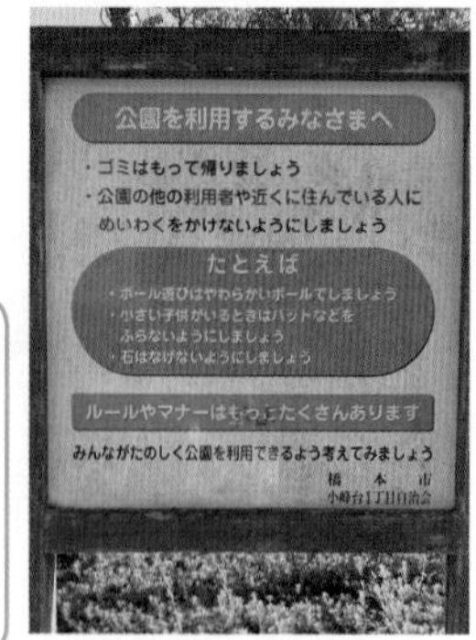

公園に行ったらこんなものが立ててありました。
公園にはみんなが安全に遊ぶためのルールがあります。
みんなならどんなルールが要ると思いますか。
お隣と相談しましょう。

・遊具は大切に使う。
・順番を守って仲良く使う。
・ボールは他の人に当たるから使わない。
・花や木を折らない。
・ペットのフンは持って帰る……など。

> では、ルールを守って遊びましょう。
> どんな遊びがしたいですか。

・鬼ごっこ　・シーソー　・ブランコ
・花あつめ　・どんぐり拾い　・山登り……など。

公園から戻ってきたら、ルールを守って楽しく安全に遊べたかを尋ね、感想を言い合う。「また、行きたい。秋になったらどんぐりや赤い葉っぱを拾いたい」の声。春夏秋冬１年を通して利用したい公園。公共の場であり、ルールを守る大切さにも気づくことが出来る。

（松浦由香里）

いきものとなかよし・全体構造図

▶▶五感を使って詳しく観察し、「show and tell」で発表しよう。

4. いきものとなかよし　全 10 時間

どんないきものとなかよくなろうかな

第 1 次　第 1 時

・観察したり、飼ったりする生きものを決めよう。
→カードを使用。

どんないきものとなかよくなろうかな

第 2 次　第2時～第4時

・観察したり飼ったりしよう。
→カードを使用。

学校で飼育している生きもの
(例)

校庭にいる虫
(例)

五感を使って観察しよう！

〈目で見て〉〈耳で聞いて〉〈手で触って〉

〈鼻でにおいをかいで〉〈えさは何かな：□〉

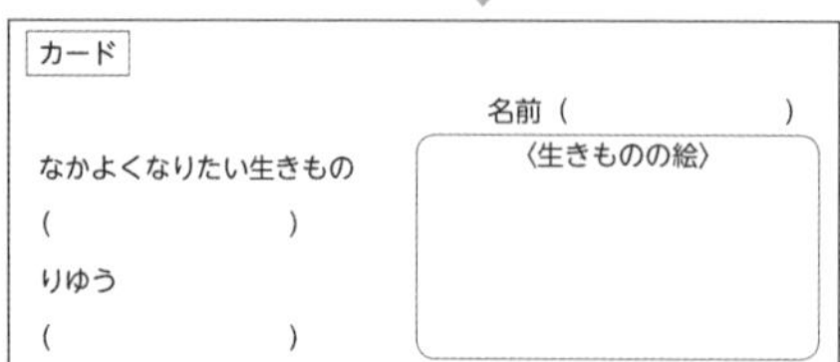

カード

名前（　　　　　　　）

なかよくなりたい生きもの
（　　　　　　　）
りゆう
（　　　　　　　）

〈生きものの絵〉

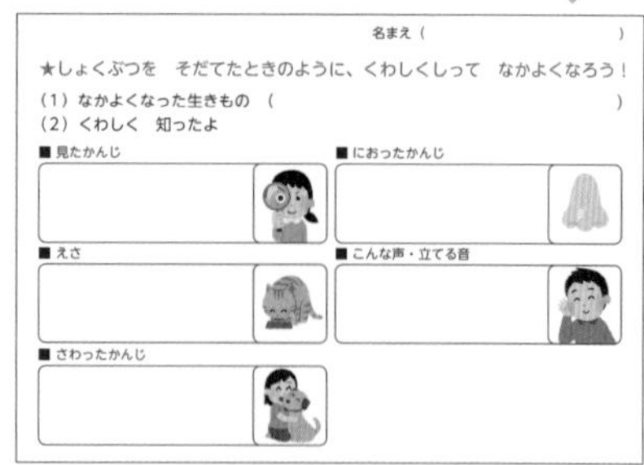

名まえ（　　　　　　　）

★しょくぶつを　そだてたときのように、くわしくしって　なかよくなろう！

（1）なかよくなった生きもの　（　　　　　　　）
（2）くわしく　知ったよ

■ 見たかんじ
■ においったかんじ
■ えさ
■ こんな声・立てる音
■ さわったかんじ

【到達させたい学習内容】

■ 五感を使って詳しく観察出来る。

■「show and tell」の初歩段階を経験する。

いきものを しょうかいしよう

第２次　第1時~第3時

・仲良くなった生きものの一番好きなところはどこかな。
・どんな風に紹介したいかな。

いきものを しょうかいしよう

第２次　第４時

・「いきもの大すき はっぴょうかい」の練習をしよう。

いきものを しょうかいしよう

第２次　第５時･第６時

・「いきもの大だいすき はっぴょうかい」をしよう。
→チェックシートを使用。

■紹介の仕方
・写真の見せながら
・イラストを見せながら
・スリーヒントクイズにして
・本の形にして

■ポイント
発表する言葉の通りの文に書くと、自信を持って発表が出来るよ！

〈先生に見てもらう〉〈子ども同士で練習〉

めざせ！はっぴょう名人！	チェックシート
①えや　しゃしんを　みせながら　はっぴょうできた。	□
②かおを　上げて　はっぴょうできた。	□
③ききやすい　こえで　はっぴょうできた。	□

めざせ！ききかた名人！	チェックシート
①はっぴょうしている　人を　みて　きいた。	□
②うなずきながら　きいた。	□
③じぶんの　はっぴょうと　比べながら　きいた。	□

（西田真衣子）

いきものにあいにいこう

▶▶植物を育てた経験をもとに、五感を使って生きものを観察しよう。

1. どんな生きものと　仲良くなろうかな

今までにチョウチョウやトンボを見たり、捕まえたりしたことのある人が多いと思います。学校にはうさぎがいます。お家で他の生きものを飼っている人もいますね。動物園のふれ合いコーナーで、生きものと遊んだ人もいるかもしれません。

生きものとの触れ合いを想起する。

生きものと遊んでいて楽しい時は、どんな時ですか。

- だっこする時。
- 散歩する時。
- 動きを見ている時。
- なでなでする時。
- えさをあげる時。

……など。

生きものについて詳しく知るために、なにが出来るかを考える。

学校にいる生きものと仲良くなるために、どんなことが出来ますか。

- えさをあげる。
- 育てる。
- 観察する。
- 飼う。
- 小屋や水槽のそうじ。
- 図鑑で調べる。

……など。

学校で観察したり、飼ったりする生きものを決める。

学校にいる生きものの中で、どんな生きものを観察したり、飼ったりしてみたいですか。

・うさぎ　　　　・あり
・だんご虫　　　・チョウチョウ
・テントウムシ……など。

「なかよくなりたい生きもの」を一つ決め、カードに書く。

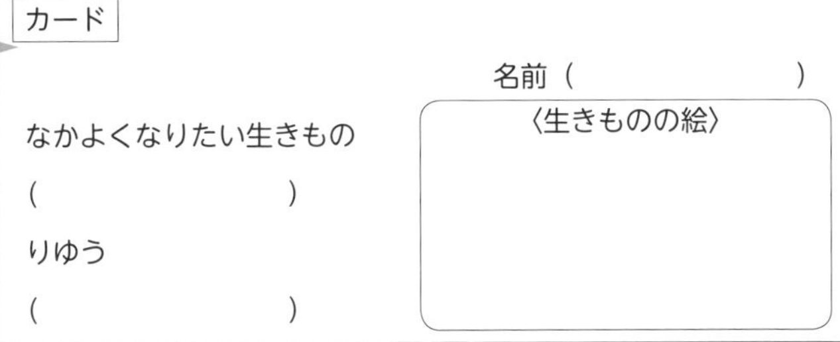
カード

名前（　　　　　　）

なかよくなりたい生きもの
（　　　　　　）
りゆう
（　　　　　　）

〈生きものの絵〉

教師は、子どもの興味を把握し、見通しを持たせるようにする。

・書けたカードから黒板に貼っていく。
・同じ種類ごとに仲間分けして貼ると、分布を把握することが出来る。
・興味がある人同士でグループを作ることも出来る。
・早く書けた子には、図鑑で調べさせる。
・同じグループ同士で、休み時間に昆虫探しに行く計画や、うさぎなど学校で飼っている生きものを触ったり、観察したりする計画を立てさせる。

五感を使って、観察する。

名まえ（　　　　　　）

★しょくぶつを　そだてたときのように、くわしくしって　なかよくなろう！

（1）なかよくなった生きもの　（　　　　　　）
（2）くわしく　知ったよ

■ 見たかんじ
■ においたかんじ
■ えさ
■ こんな声・立てる音
■ さわったかんじ

こちらのQRコードでチェックシートをDL出来ます。

また、46ページにも同じ資料を掲載しています。
これをコピーしてお使いいただくことも出来ます。

（西田真衣子）

いきものをしょうかいしよう

▶▶「show and tell」の初歩段階を経験する。

1. 生きものを紹介しよう

なかよくなった生きものの一番好きなところを選ぶ。	仲良くなった生きものの一番好きなところはどこですか。

さわるとフワフワで、かわいいから大好き！

えさを捕まえるところがかっこよくて大好き！

紹介する方法を決める。	どんなふうに紹介したいですか。

子どもに考えを聞くと共に、教師からも発表の仕方を例示する。

（例）

《 写真を見せながら 》

《 イラストを見せながら 》

発表の仕方を工夫させると共に、一番好きなところが伝わるようにさせる。

《 本の形にして 》

《 スリーヒントクイズにして 》

① むしです。
② とびます。
③ ゆびさきにとまります。
（答え：トンボ）
一番好きなところは～です。

発表の練習をする。

「いきもの大すきはっぴょうかい」の練習をしよう。

《 先生に見てもらう 》　《 子ども同士で練習 》

教師は、自信をもって発表出来るよう、準備や練習の仕方を教える。

発表する言葉の通りに文を書く。

○○○○○○○○○○

上のように小さな○を 10 個描き、1 回練習する度に赤鉛筆で塗り、努力の跡が見えるようにする。

発表会をする。

「いきもの大すきはっぴょうかい」をしよう。

チェックシートを使って、振り返りをする。

めざせ！はっぴょう名人！　チェックシート

①えや　しゃしんを　みせながら　はっぴょうできた。 □
②かおを　上げて　はっぴょうできた。 □
③ききやすい　こえで　はっぴょうできた。 □

めざせ！ききかた名人！　チェックシート

①はっぴょうしている　人を　みて　きいた。 □
②うなずきながら　きいた。 □
③じぶんの　はっぴょうと　比べながら　きいた。 □

こちらのQRコードでチェックシートをDL出来ます。

また、次ページの見開きにも同じ内容の資料を掲載しています。これをコピーしてお使いいただくことも出来ます。

（西田真衣子）

4 いきものとなかよし

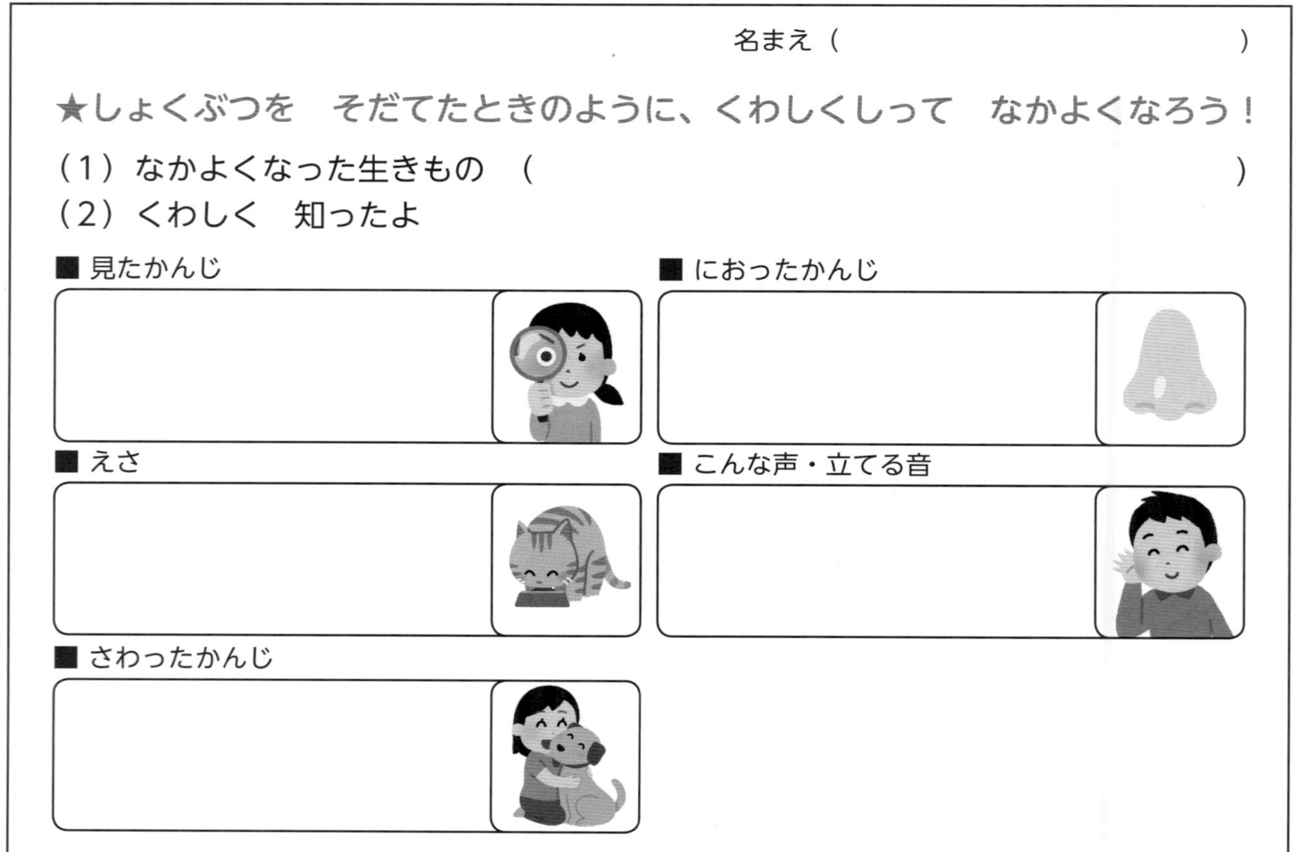

名まえ（　　　　　　　　　　）

★しょくぶつを　そだてたときのように、くわしくしって　なかよくなろう！

（1）なかよくなった生きもの（　　　　　　　　　　）

（2）くわしく　知ったよ

■見たかんじ

■におったかんじ

■えさ

■こんな声・立てる音

■さわったかんじ

めざせ！はっぴょう名人！　　チェックシート

①えや　しゃしんを　みせながら　はっぴょうできた。 □

②かおを　上げて　はっぴょうできた。 □

③ききやすい　こえで　はっぴょうできた。 □

めざせ！はっぴょう名人！　　チェックシート

①えや　しゃしんを　みせながら　はっぴょうできた。 □

②かおを　上げて　はっぴょうできた。 □

③ききやすい　こえで　はっぴょうできた。 □

めざせ！ききかた名人！　　チェックシート

①はっぴょうしている　人を　みて　きいた。 □

②うなずきながら　きいた。 □

③じぶんの　はっぴょうと　くらべながら　きいた。 □

めざせ！ききかた名人！　　チェックシート

①はっぴょうしている　人を　みて　きいた。 □

②うなずきながら　きいた。 □

③じぶんの　はっぴょうと　くらべながら　きいた。 □

あきとなかよし・全体構造図

▶▶語彙を知り語彙を豊かにするとともに、楽しい秋をたっぷりと味わおう。

5. あきとなかよし　全 16 時間

第 1 次　あきってふしぎ！　あきっていいな！　7 時間

第 1 時　学校で秋を探そう

第 2 〜 3 時　公園で秋を探そう

第 4 〜 5 時　見つけた秋を報告しあう

◆見つけた秋を言葉で表す　◆カードを仲間分けする

◆教えたい言葉は教える

第 6 〜 7 時　秋の不思議や秋のよさを調べよう（選択制

◆秋の自然の不思議コース　◆秋の食べ物コース

◆秋のくらしコース

第 2 次　見つけたものでつくってみよう　計画　2 時間

【秋からのおくりものを使って何を作るか考えよう】

① 自分たちでどんなものが作れるか、話し合う。

② 自分ならどれを作りたいですか？

（グループで話し合って決めること、
グループ共同で作成すること）

【評価のポイント】

■ 秋の不思議さや良さに気づき、秋への知識を深められたか。

【到達させたい学習内容】

■ 秋の自然について調べたり伝え合ったりする。

■ 見つけたものを使って、秋らしい遊びを工夫する。

第3次　見つけたものでつくってみよう　制作　4時間

【世界に一つのおもちゃを自分たちで作ろう】

① グループでおもちゃ作りを行う。

②「比べる・見つける・工夫する」など、解決に向けての試行錯誤をする。

③ 出来たおもちゃで遊ぶ。

第4次　みんなであきをたのしもう　3時間

【世界に1つの手作りおもちゃで、みんなで遊ぼう】

第1時　完成したおもちゃを使って、1時間クラスのみんなで遊ぶ。

第2時　招待する準備をする。

第3時　他のクラスを招待して遊ぶ。

（勇　和代）

あきってふしぎ！ あきっていいな！

▶▶学校や公園で秋を探そう。

1. 学校で秋を探そう（第1時）

学校には、何本も木がありますね。
これらの木で葉っぱで色が変わる木は、何本あると思いますか？

みんなで予想してみる。校庭にイチョウやサクラの木がある学校では、子どもたちは毎日、目にしていると思われる。

これから、葉っぱの色が変わる木が何本あるか探しに行きましょう。
でも、時間は10分です。挑戦しましょう。

子どもたちは、色の変わった葉っぱの木を探しに、校庭に出る。10分経ったことを告げて、教室で確認する。

今度公園に行って色の変わった葉っぱを見つけてみましょう。
家でも見つけたら、次の生活の時間にみんなに教えてくださいね。

このように、公園や家庭での「秋見つけ」につなげる。

2. 公園で秋を探そう（第2～3時）

公園や神社探検で、秋を見つける。

今から、秋見つけをします。
10分間でどれだけ多くの秋を見つけられるかな。ようい、どん。

秋をたくさん見つけられるように、競争し、学校に持ち帰って、秋の宝箱に入れて保管する。

3. 見つけた秋を報告し合おう（第４～５時）

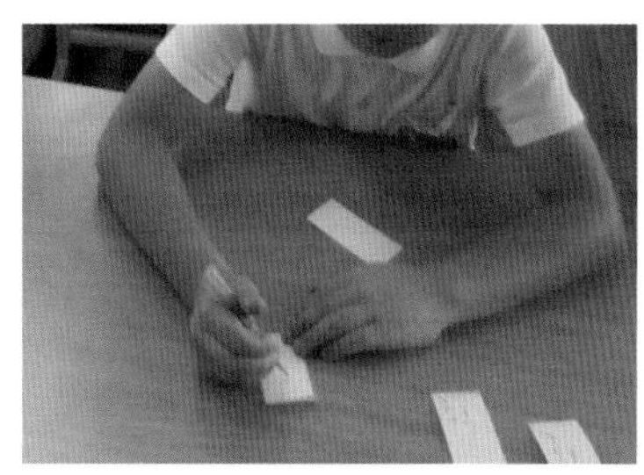

■見つけた秋を言葉で表す→ 語彙を増やす

見つけてきた秋を書きましょう。
付箋１枚に、１つの言葉を書きます。

■付箋を仲間分けする

付箋を仲間で分けます。
お隣の人と一緒に相談しながら分けてみましょう。
クラスのみんなで、秋の言葉を集めましょう。

語彙が少なければ、教師が用意した「カテゴリー別語彙集秋編」から言葉を書き加える。

自然	食物	生活
昆虫・植物・実・天気	果物・魚・野菜・デザート	気温・お店・服・天気
赤トンボ・もみじ・どんぐり	柿・栗・サンマ・さつまいも	秋風・飾り・長袖・夕焼け

■知っていてほしい言葉は教える

赤い葉っぱを拾いました。葉が赤色に変わることを紅葉といいます。

3. 秋の不思議や秋の良さを調べよう〈 選択制 〉（第６～７時）

◆**秋の自然の不思議コース**

①「秋見つけ」をして不思議だなと思ったことはありますか？

②どうやって調べたら良いと思いますか？

１年生から図鑑やタブレットを使えるように、調べ方を指導していく。

タブレットで検索するときは、Google の音声入力機能を使うと良い。

5 あきとなかよし

◆ 秋の食べ物コース

秋の食べ物に興味を持った子にはこのコースを。秋ならではの料理を考えて絵に描く。一人ひとりの秋への思いが絵に表れる。またおすすめの理由を考える中で、知識が深まる。

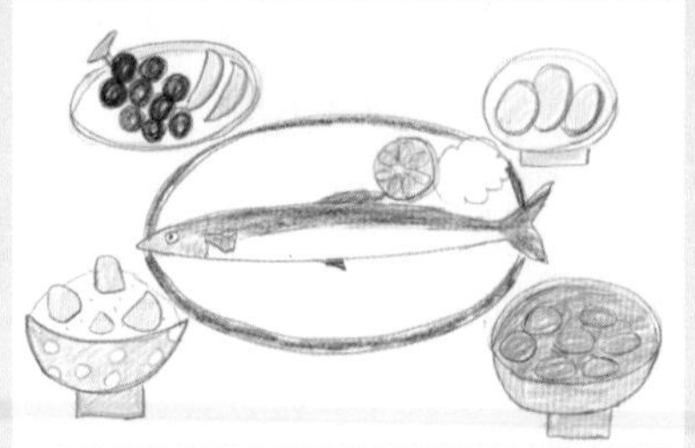

昨日サンマを食べました。とてもおいしかったです。 メニュー：サンマ・栗ご飯・鮭のお味噌汁・サツマイモの天ぷら・ブドウと梨のデザート

① 「秋の味覚」という言葉があります。秋には、とてもおいしい食べ物が多いということです。隣の人と秋においしいと思う食べ物を言い合いましょう。

② あなたが店長さんだったら、どんなごちそうを作りますか？
絵に描いてみましょう。また、おすすめの理由も書きましょう。

③ 秋の料理の発表会をします。

◆ 秋のくらしコース

家やお店で秋を見つけ興味を持っている子には、このコースがおすすめだ。

① 店長さんになったつもりで、お店の窓を飾ってみましょう。どんな飾りをするとお客さんが増えますか？→（お店の発表会をする）

② あなたの夏のファッションと秋のファッションを絵にしましょう。何が変わりましたか？→（服装の発表会をする）

カテゴリー別語彙集 「秋編」

「身の回り」「くだもの」「やさい」「秋がつく言葉」「花」「葉・実・田畑」「昆虫」「秋の商品」

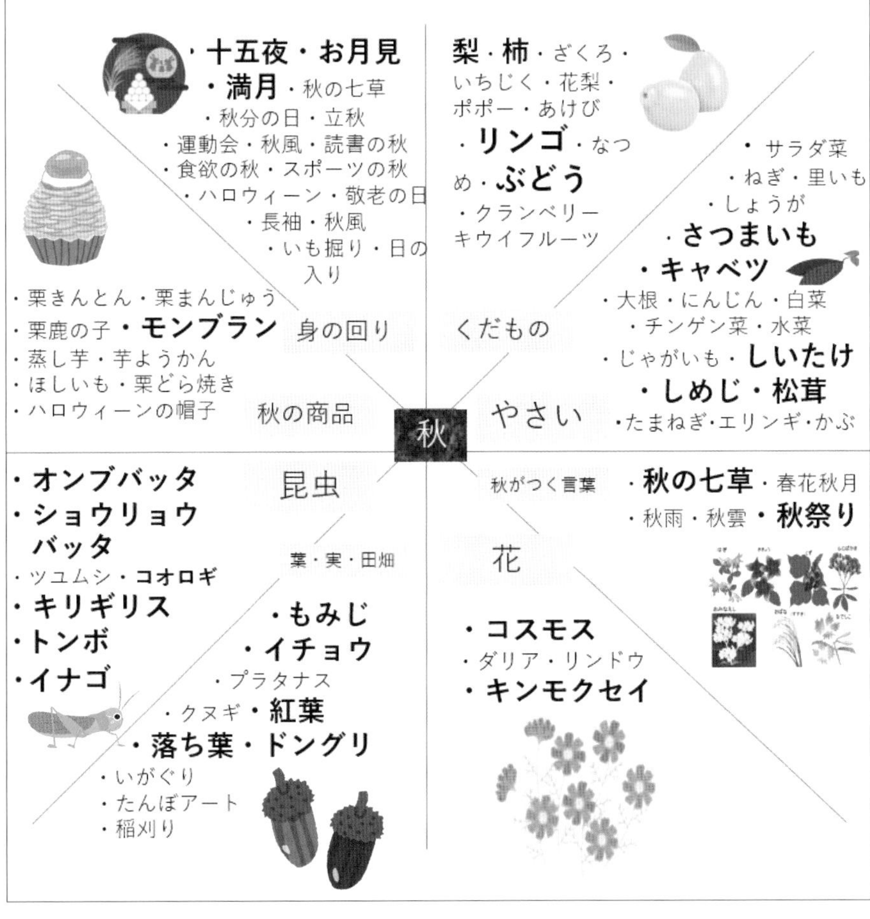

（勇　和代）

見つけたものでつくってみよう

▶▶秋の自然からの“おくりもの”を使って、おもちゃを作る計画を考える。

■ 何を作ろうかみんなで計画しよう（第１時～第２時）

みんなが拾ってきた秋からのおくりものは、
宝箱に入れていますね。
出して、机の上にきれいに並べてみましょう。

丁寧に並べるように促す。

とてもきれいですね。いろいろな葉っぱや実が拾えましたね。

秋からのおくりものを使って、何を作るかグループで相談しましょう。

自分たちでどんなものを作ることが出来るか、話し合う。教師は、グループを見て回り、相談に乗る。

どんなアイデアが出たかな？　発表してください。

子どもたちからは教師が予想している以上のアイデアが出ると思われる。どれも受け入れる。

たくさんアイデアが出ましたね。

板書をして整理する。

あきからの
おくりものをつかって
なにをつくるかかんがえよう。

①どんぐりごま
②はっぱのかざり
③まつぼっくりでけん玉
④オナモミをつかってくっつきダーツ
⑤オナモミをつかって、さかなつりゲーム
⑥スマートボール
⑦マラカスつくり
⑧もっきんつくり
⑨たいこつくり
⑩ギターもつくりたい
⑪
⑫

合体出来そうなものなどないか、相談する。

自分ならどれを作りたいですか？　１位～３位を選んでみましょう。

出来るだけ希望に添った、おもちゃ作りのチーム分けをする。人数が少ないチームは合体したり、希望人数が多いチームは、２チーム作る。

■グループで話し合って決めること

1 どんなおもちゃにしたいかイメージを出し合う。
2 秋からのおくりものを生かすために、
　おもちゃのどこに使うかを相談する。

○○○○せっけいず
できあがりず

■グループ共同ですること

1 おもちゃの設計図を描く。
2 秋からのおくりものの他に必要な材料
　を集める。
　誰が何を持ってくるか分担する。

ようういするざいりょう
(だれが、なんこ)

（勇　和代）

見つけたあきをつたえよう

▶▶秋の自然からの“おくりもの”を使って、おもちゃを作ろう。

■ 世界に１つのおもちゃを自分たちで作ろう

さて、今日はいよいよみんなで秋からのおくりものを使って、
おもちゃを作ります。

例）どんぐりごまを作るグループ

どの形のどんぐりを使おう？　どうやって穴を開けたらいいのかな？

板に、くぼみをつけておき、そこにどんぐりを入れてキリで穴を開けるようにする。

怪我が心配なところは、教師も手伝う。

〈グループ分けの例〉

① 迷路作り	② 楽器作り	③ 葉っぱで飾り	④ どんぐりごま
⑤ 的入れゲーム	⑥ 王冠作り	⑦ 材料置き場	⑧ どんぐりごま

どうやって棒にさすの？

持っててあげるよ。穴を開けて。

軸がさせた。でもあまり回らないな。

なんでだろう？あ！わかった。軸だ！

もう１回、
穴を開け直してみよう。
軸は短いほうがよく回るよ。

え？　私のは、
まっすぐじゃ
ないみたいね。

もう１回やってみる。
出来た！

このように、子どもたちが対話をしながら、工夫をしてよく回るどんぐりごまを作れるように教師が手助けする。

比べる……お友達が作ったこまと自分のこまを回したり、観察したりして比べよう。

見つける……どんぐりの大きさや形、軸の長さ、さす場所など、自分が作ったこまや友達のこまを見て違いを見つけよう。

工夫する……どんぐりの形、軸の位置に着目するなど、より具体的なイメージを持って改良しよう。

■ 楽器作りグループの作品

▲卵パックマラカス

▶どんぐりギター

（勇　和代）

みんなであきをたのしもう

▶▶秋の自然からの“おくりもの”で作ったおもちゃをみんなで楽しもう。

■ 世界に１つの手作りおもちゃで、みんなで遊ぼう

1. クラスのみんなで遊ぶ

今日は、みんなが作ったおもちゃで遊びましょう！

おもちゃが完成したら、まずクラスのみんなで遊ぶ。

遊んでいる中で、おもちゃの改良点を見つけたり、遊び方の説明が必要だったりすることを見つけていく。

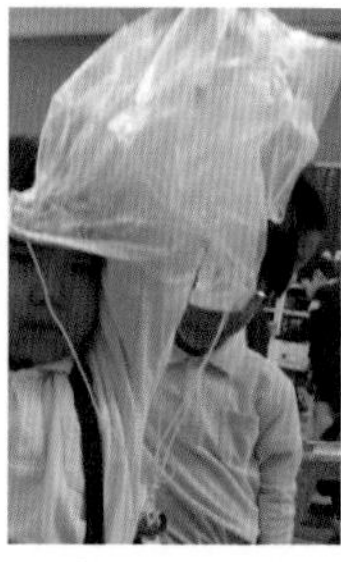

▲パラシュート

▲どんぐりでっぽう

▲マリオネット

▲どんぐりボウリング

2. 他のクラスの人とも遊ぶ

子どもたちから「前に２年生の人に招待してもらったから、今度は自分たちが来てもらいたい」というお話が出たらその意見をもとに進めていく。

もし出ない場合は、教師から「招待すること」を投げかける。

どんな工夫をしたらたくさんの人が喜んで来てくれるかな？
相談しましょう。

・チラシを作りたいな。　・おもちゃ屋さんの看板もいるね。

・教室を飾りたいな……など、子どもたちの声を聞き、一緒に準備する。

さくせんカード

1．じぶんたちのおもちゃの名まえ

2．どんなあそびのくふうをしたか

3．じゅんびするもの

▲看板作り

▲招待状作り

活動を振り返ろう（振り返りカード）

「あきとなかよし」はたのしくがくしゅうできましたか？

名まえ（　　　　　　　　　　　）

1.がっこうであきみつけをする。

2.こうえんであきみつけをする。

3.おもちゃづくりのけいかくをたてる。

4.おもちゃづくりをする。

5.おもちゃをとおしてあきをたのしむ。

（勇　和代）

ひろがれえがお・全体構造図

▶▶家庭生活を見つめ、自分に出来ることをしよう。

6. ひろがれえがお　全 10 時間

第 1 次	えがおをみつけよう	3 時間＋家庭教育

見通す　①お家の人は、どんなときに
にこにこ笑顔になるかな。

調べる　②どうすれば、にこにこ笑顔が
見つかるかな。

調べる方法
見る・聞く・話す

話す・工夫する　③笑顔を広げよう大作戦。
家族を笑顔にしよう！

評価規準

知識及び技能の基礎

家の人や自分の「にこにこ」が、自分の生活と深く関係していることに気づいている。

思考力、判断力、表現力等の基礎

家の人が喜ぶことを考えたり聞いたりして、わかったことを表現するとともに、「にこにこ」を増やすために自分に何が出来るかを考え、計画を立てて実行している。

【評価のポイント】

- 家庭における家族のことや自分に出来ることなどについて考える。
- 家庭での生活は、互いに支え合っていることがわかる。
- 自分の役割を積極的に果たしたり、健康に生活したりしようとする。

第2次	みんなにえがおをひろげよう	7時間

表現する ①したことをカードに書きましょう。

整理・分類する ②笑顔の仲間分けをしましょう。

交流する ③家でチャレンジしたこと、うれしかったことを発表しよう。
④家で続けてやってみたいことを考えよう。

新しい気づき
もっと
やってみたいな。

主体的に学習に取り組む態度

家庭での自分の生活や家の人の思いに目を向け、規則正しい生活を送ったり、家庭生活の中で自分が出来ることを楽しみながら実行したりしている。

他教科・他単元との関連

- 生活習慣、家族愛（道徳）
- 気づいたことをカードに書く（国語、書写、図工）
- 家の人に話を聞く（国語）
- 気づいたことを発表し合う（国語）
- 広がれわたし（2年生活科）

（岡﨑昌美）

いえの人のえがおを見つけよう

▶▶家族の良さについて考え、自分に出来ることをしよう。

1．家の人の笑顔を見つけよう

お家の人は、どんなときに、にこにこ笑顔をくれるかな？

・今日は、自分で起きれたから、お母さんが「すごいね」って笑って、うれしかった。
・お手伝いしたら「ありがとう、さすがお兄ちゃん」って、笑ってくれた。
・わたしは、妹と遊んだの。妹と仲良しだからにっこりしたよ。

他にも、家の人の笑顔を見つけられそうですね。カードに書きましょう。

メモの型を板書し、写させる。
①何をしたとき
②だれが
③（笑顔で）どうした

思い出したことを書く。早く出来た子は、黒板に貼る。

思い出しにくい子は、ペアで見せ合ったり黒板のメモの型を見たりして、思い出させる。

〈えがおメモ〉
名まえ

1、おちゃわんをならべた。

2、おかあさんが
ありがとうと
にっこりしてくれた。

▲メモの型

発表しましょう。

・夕食のとき、お茶碗を運びました。お母さんが、にっこりしてくれました。
・おばあちゃんの肩たたきをしました。喜んでくれました。
・新聞を取ってお父さんに渡しました。「ご苦労さん」て言ってくれました……など。

2. 笑顔になったのは、なぜかな？

「お手伝いをして家族の一員として役立っていること」の項目が多く集まることが予想されるが、「出来るようになったことや頑張っていること」「成長や自立を喜んでくれること」「家族仲良く、楽しく過ごす、家族のふれ合い」も喜びであることにも目を向け、3つに分類する （板書で例示）。

> 笑顔の仲間分けをします。お風呂掃除の仲間はどれでしょう。

話し合いをする。

・お手伝いの仲間は 「ありがとうのえがお」にします。
・おかずを残さずに食べたなど、頑張ったことは「すごいねのえがお」の仲間だね。
・妹と遊んだのは 「なかよしのえがお」の仲間にします。

> では、みんなのカードも、3つに仲間分けをしましょう。

グループになって、相談しながら分類する。画用紙に仲間分けをする。

※ TOSS メモが有効である。何度貼り直しても粘着力があり、子どもたちが文字を書きやすいようにマス目が描かれている。

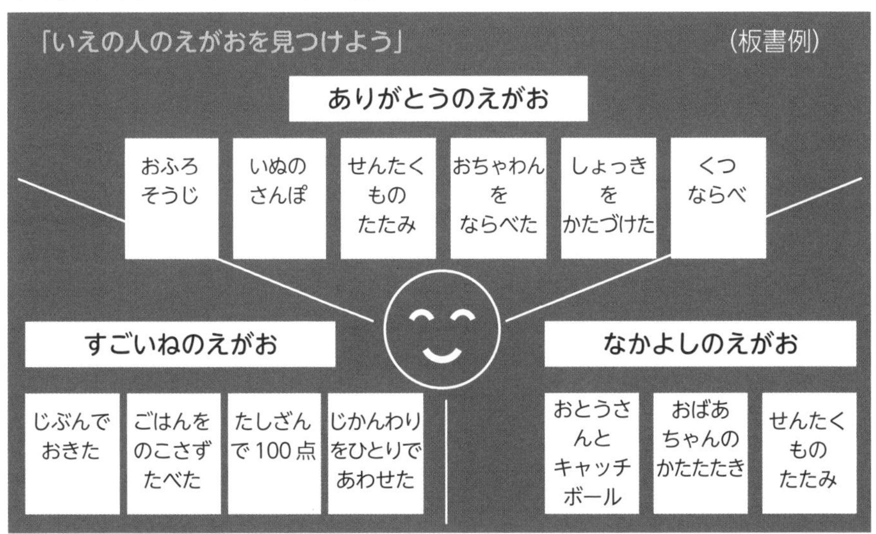

（岡﨑昌美）

うれしかったことをはっぴょうしよう

▶▶もっと笑顔を広げよう。

1.「笑顔を広げよう、大作戦!!」

すてきな笑顔をたくさん見つけましたね。笑顔をもらったとき、どう思った？

・嬉しかった。
・なんだか恥ずかしかった。
・もっとがんばろうと思った。
・もっと笑顔を増やしたいなと思った。

友達の発表を聞いて、自分も出来そうだなと思ったことはありますか。

みんながお家でやってみようと思うことを考えましょう。
・誰を笑顔にしたい？　・何をする？　・いつまでに？

→みんなの力で、笑顔をもっといっぱい増やそう。

イメージを持たせ、何をどうするかを知らせておく。
※事前に家庭連絡をして、協力を呼びかけておく。活動のねらい、内容、方法、期間などを説明し、楽しく活動出来るようにお願いをしておく。

えがおをひろげよう、大さくせん!!

1ねん　くみ　なまえ

月　日～　日

〈さくせん1〉

だれに	
なにをした	

〈さくせん2〉

だれに	
なにをした	

＊おうちの人から

＊えがおをもらって　うれしかったこと

やるぞ～！　「笑顔を広げよう、大作戦！！」

ご家庭の協力を得て、１週間ほどの間に３つ出来れば良いとする。

張り切った子どもたちは、たくさんしてくるだろう。大いに褒めてあげたい。ただし、ご家庭の事情により出来ない子もいるかもしれないので配慮する。

2.「嬉しかったこと」を発表しよう

何をしましたか。嬉しかったことを発表しよう。

教師は、聞き取りながら板書する。事前に板書用カードを作っておくと良い。

同じ事柄に挑戦した子は、手を挙げさせて褒める。

3.「嬉しかったこと」を振り返ろう

取り組みの際にかけてもらった言葉を思い出したり、家族からの手紙を読んだりして、家族の大切さ温かさを感じ、自分も家族の一員としてこれからも出来ることをやっていこうとする意欲を持たせる。

絵日記や手紙を書いて、掲示したり、家の人に渡したりする。

月　　日　名まえ

え

おふろあらいをしました。ごしごし
力をいれてこすったら、きれいに
なったよ。おかあさんが、「すごい」
っていいました。ぼくはわらいました。
おてつだいできたよ。またするね。

（岡﨑昌美）

ふゆとなかよし・全体構造図

▶▶冬の特徴を見つけ、季節にあった生活や遊びを楽しもう。

7. ふゆとなかよし　全 14 時間

他教科との関わり

【国語】・話す・聞く・観察・記録の書き方

既習体験

生活科
- 春から秋の季節の観察
- 遊びなどの活動
- 仲間分け「衣・食・住・自然・行事」5 つに分ける。

家庭教育
年末年始の経験
- 大そうじ
- 年賀状
- 大晦日
- 初詣
- お年玉他

第 1 次　ふゆみつけ　4 時間

・学校の中の冬、家のまわりの冬、冬の生きものを発見する（生きものはどうしているのかな？）
・春、夏、秋と比べた違いはなにかな？

第 2 次　見つけたふゆをつたえよう　2 時間

・年賀状の書き方
・誰に何を伝えようかな？

第 3 次　ふゆやすみをたのしもう　2 時間

・元気に過ごす工夫　・伝統文化
・お正月 (おせち料理・飾り物・お年玉)

その他の環境

【学校】・掲示板・通学路・花だん・中庭
【家庭】・放課後の遊び・お手伝いの役割

【評価のポイント】

- 冬の特徴を見つけ、工夫して遊んでいる。（思考力、判断力、表現力等の基礎）
- 四季の変化、季節によって生活の様子が変わることに気づいている。（知識及び技能の基礎）
- 楽しみながら遊んだり、友達と関わろうとしたりしている。（学びに向かう力、人間性など）

【音楽】・「赤鼻のトナカイ」・「お正月」・「たきび」他
【体育】・おにごっこ・なわとび・おしくらまんじゅう　他

第4次　きたかぜとあそぼう　2時間

・たこあげを楽しむ（たこあげを楽しむ工夫・危険予知）
・冬の遊び紹介（おしくらまんじゅう、など）

第5次　むかしあそびをたのしもう　4時間

・ゲストティーチャーを呼んで、教えてもらう（こま回し・おはじき・おてだま・けん玉・竹馬、など）
・友達や地域の方と一緒に楽しむ

今後のつながり

3年理科
- 気温・身のまわりの生物・植物の成長

4年理科
- 太陽の動き

5年理科
- 流れる水のはたらき
- もののとけかた

3年～国語
- 紹介文

【地域】・伝統文化・お店・行事・おじいちゃん・おばあちゃん

（溝端久輝子）

みのまわりからふゆを見つけよう

▶▶自然の冬、暮らしの冬を見つけよう。

1. 学校の冬を見つけよう①

中庭にいた虫はどこにいるの？　木は枯れてしまったの？

虫を捕まえたり花が咲いていたりした中庭や花壇の様子を思い浮かべ、今はどうなっているのかと問いかける。

子どもたちは生きものが冬眠してることや、枝には葉がないことなどを言うだろう。そこで、実際に中庭に行って様子を見てこようと提案する。このときに１つ視点を持たせたい。事前に桜の枝の「冬芽」の写真を撮っておく。そして問いかける。

この写真は昨日、中庭で撮ってきました。
写真と同じ枝を見つけることが出来るかな？

冬の間に、春に花を咲かせる準備をしていることに気づかせたい。虫やほかの木の様子も観察する。

2. 学校の冬を見つけよう②

この前みんなと中庭に行ったときにこんなものを見つけました、と言って写真を見せる。

冬のタンポポは枯れてるいるの？　それとも桜と同じように春に咲く準備をしているのかな？　タンポポは地面に葉っぱを広げ、へばりついたように見える。これは枯れているのではない。冬を越すためのタンポポの知恵なのだ。

タンポポの冬を越すための知恵は何だと思いますか。

実はこれはタンポポの冬の越し方だ。土の熱を逃がさないように全身で土にへばりつき、冷たい風を受けないようにしている。踏まれて元気がないように見えても、春になれば茎を伸ばして花を咲かせる。

虫はどうやって冬を越しているのでしょう。

▲カマキリ

カブトムシを飼っている子は、幼虫で冬を越すことを知っているだろう。石の下にテントウムシがいるのを見つけたという子もいるかもしれない。知っているという数名の子どもたちに発表させる。

▲アゲハ

昆虫の越冬の形態は４つある。例えば、カマキリは卵で、カブトムシは幼虫で、アゲハはさなぎで、テントウムシは成虫で越冬する。同じ虫でも住む場所によって越冬するものとしないものがある。

▲カブトムシ

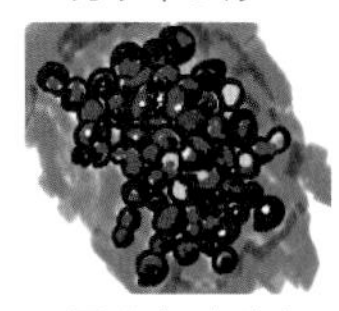

▲テントウムシ

再度外へ出て、タンポポの知恵を観察し記録させる。土に触れさせ、温かさを感じさせよう。また、石の下や植木鉢の下で越冬しているダンゴムシやテントウムシを見つけよう。

学校で冬の生きものの様子を探してきたが、次の時間は学校以外で冬見つけをすることを伝え、家で探してきて良いことにする。

3.暮らしの冬も見つけよう

「冬だな」と思うことを出来るだけたくさん見つけましょう。

発表させながら内部情報を蓄積させる。子どもの意見を黒板に書いていく。

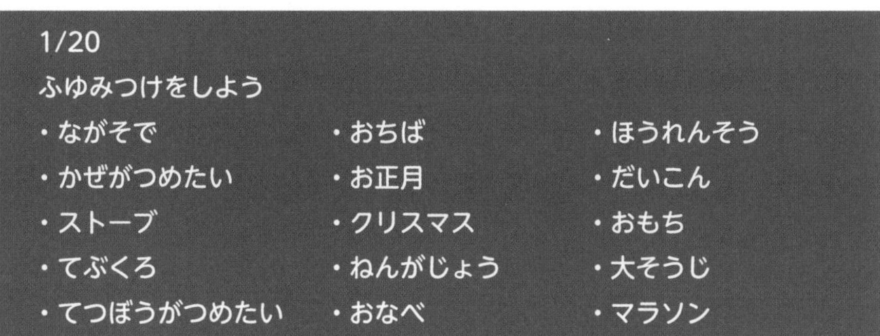

子どもたちの意見が出なくなったら、このような視点を与える。

ある程度意見が出たら、4～5人の班ごとで集める。絵でも言葉でも良いので、1枚の付箋に1つずつ書く。後で仲間分けをするのでノリ付きの付箋が良い。

体育の授業で「縄跳び」や「おしくらまんじゅう」を取り入れて体を温めたり、音楽の授業で「たきび」「お正月」の曲を歌ったり、他教科からのアプローチも思い起こしたい。

4.仲間分けしよう

班で話し合って冬見つけで見つけたものを、4～5つのグループに分けましょう。

仲間分けをするときに子どもたち同士で様々な話し合いが起こるだろう。例えば「クリスマスケーキ」を「イベント」にするか「たべもの」にするかなどだ。この場合、教師が答えを言うのではなく、子どもたちがそれぞれの意見を互いに聞き合う場を作ることが大切だ。

そしてグループに分けたら、画用紙に貼り、タイトルを付けさせる。

(仲間分けの例)

最後に班ごとに発表する。この際、自分たちの班では見つからなかった「冬」があったら、付箋に書き足して良いこととする。また、仲間のタイトル名が違うときは、どんなふうに分けたのか比べさせたい。

(溝端久輝子)

見つけたふゆをつたえよう

▶▶見つけた冬を年賀状に書いて伝えよう。

1. 誰に伝えようかな

年賀状を出すと一番喜んでくれる人は誰ですか。

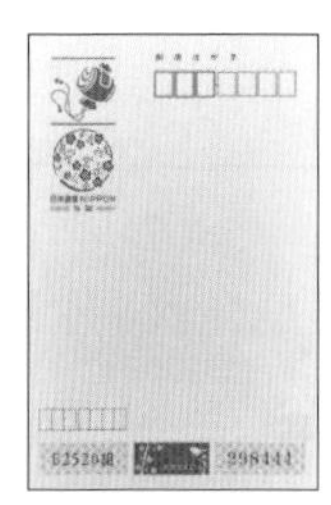
▲実際の年賀状を見せる

「おじいちゃん」「おばあちゃん」「いとこ」や友達の名前が挙がると予想される。「お父さん」や「お母さん」という子どももいる。そのため、年賀状は離れて住んでいる人に出す新年の挨拶を書いたはがきであることを伝える。

1年生で実際に年賀状を出した経験がある子ども、書いたことがある子どもはほとんどいない。私が担任した30名のクラスで5、6名だった。そのため、年賀状について知っていることが少ない。この機会に学習し、年賀状を出したいという意欲につなげたい。

クイズです。年賀状にはお年玉のくじがついています。
今から70年前（1950年）から始まりました。
今年、当せんすると、何がもらえると思いますか？

ちなみに2020年の特賞はオリンピック観戦チケットだった。

お年玉くじがついた最初の年の特賞は何だと思いますか？
ヒントは戦争が終わってすぐの特賞です。

答えは「ミシン」だ。お金にすると1万8千円。当時の会社員の給料が3千円から4千円だったので、とても高価な品だった。戦争が終わった後で、着るものも自分たちで作っていた、など当時の様子を話して聞かせる。

2. 何を書こうかな

何が書いてありますか。

年賀状を拡大したものを見せる。読んだ後、何がどのように書いてあるか発表させる。

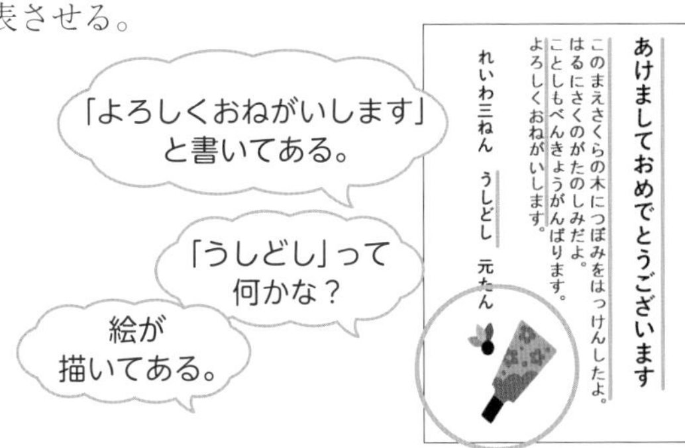

干支についての意見が出たときは子どもたちの干支や教師の干支を教えたり、干支の由来を話したり、干支を扱った絵本の読み聞かせをしたりしても良い。

3. 何を教えようかな

何を教えてあげますか。

冬見つけで見つけたものの中から、年賀状を出したい人に何を教えたいかを考えさせたい。

- かるたを一緒にしたいな。
- すごろくで遊ぼうね。
- ミノムシを見つけたよ。
- 雪が降って雪だるまを作ったよ。
- 氷が張っているのを見つけたよ。
- みんなでお鍋を食べたよ。

誰に出したいかを想像しながら選ばせる。

4. 手作りスタンプを押して仕上げ

手作りスタンプを押すと一気に作品らしくなるので、お勧めする。作り方はQRコードを参考に。宛名は家で書いてもらい、投函してもらうよう家庭に伝える。

こちらのQRコードで手作りスタンプの作り方を視聴出来ます。

（溝端久輝子）

げん気にすごすくふう・おしょう月

▶▶お正月を通して伝わる人々の願い。

1. お正月に年神様を迎えよう

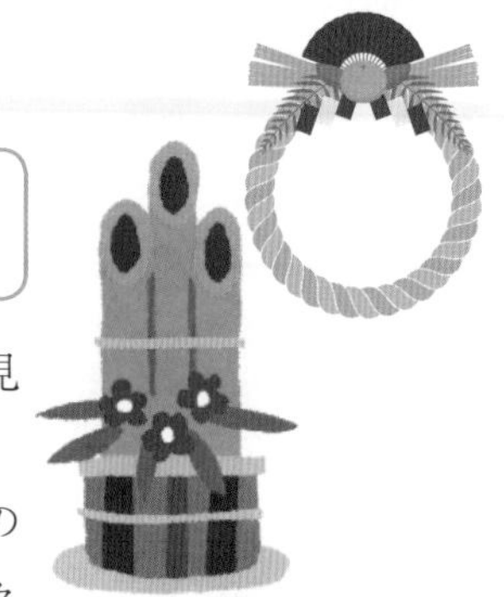

誰を迎えるための準備をしていますか。

大掃除、門松、しめ飾りなどのイラストや写真を見せる。

本来お正月は年神様（歳神様）をお迎えするための行事だ。日本では昔から八百万（やおよろず）の神々がおられたと考えられているので、あらゆるものに神が宿るとして崇めてきた。そして年神様が年に１度高い山から降りてきて、元旦には家々に新年の幸せをもたらすためにやってくると言われている。

【大掃除】 年神様を迎えるためにきれいにしている。１年でたまった煤（すす）や埃（ほこり）を落とすことから「煤払い（すすはらい）」と言われている。

【門松】 年神様が降りるときの目印にするもの。松は神様を「まつる」にかけておめでたい木として使われるようになった。

【しめ飾り（しめ縄）】 神様を迎えるために清められた場所であることを示したもの。「しめ」には神様が占める場所という意味があると言われている。

2. おせちに込められた願いとは？

お正月、どんな料理を準備しますか？

お正月に食べるおせちやお餅、これらも年神様を迎えるための準備であり、幸せに生きたいという人々の願いが込められている。食品や料理に込められた願いを知ることで伝統や文化を大切にしようという気持ちを持たせたい。

おせち料理で食べたことがあるものや知っているものを聞いていき、それぞれの由来やいわれを教える。

料理名といわれ

【えび】背中が曲がるまで長生き出来るように。

【昆布巻き】喜ぶの「こぶ」にひっかけて縁起の良い食べ物として。

【ごぼう】細く長く幸せに暮らせるように。

【伊達巻】大事な文書は巻物にしていたことから。

【栗きんとん】栗は山の幸の代表として。

【紅白なます】紅白はおめでたい時の色。

【黒豆】元気に「まめ」に働けるように。

【田作り】五穀豊穣を願って。

【数の子】たくさんの子どもを授かるように。

予想される子どもの反応

・おせち料理は神様に関係があるんだね。
・元気に暮らせるように、という願いがあるんだ。
・お餅は神様とどんな関係があるのかな？

こちらのQRコードで授業に使えるワークシートをDL出来ます。

3．我が家のお雑煮について知ろう

お雑煮のお餅はどんな形でどんな味ですか。

【鏡餅】 神様にお供えするものとして考えられてきた。

【雑煮】 年神様にお供えしたお餅を、野菜や鶏肉、魚介などと一緒に煮込んで作る料理。地方や家庭によって、味も形も違う。白味噌か醤油か。丸餅か切り餅か。具も異なる。我が家の味についてインタビューし、発表する場があると面白い。

【お年玉】 年神様にお供えした餅を下ろし、子どもたちに分け与えたのが始まり。

お正月の行事を通して、昔から１年の幸せを願って様々な工夫をしてきたことを伝えたい。

（溝端久輝子）

むかしのあそびをたのしもう

▶▶おじいちゃん・おばあちゃんにたくさん教えてもらい、ふれ合おう。

1. 昔からの遊びってどんなものがあるの？

お手玉・めんこ・ビー玉を教室に持ち込み、子どもたちに見せる。

> これらは、おじいちゃん・おばあちゃんの子どもの頃の遊び道具です。
> どうやって遊んでいたでしょう。お隣と話し合ってみましょう。

・投げるんじゃないかな？こっちはカードだよね？
・お手玉だよ。本で見たことがあるよ。

次回、老人会のおじいちゃんおばあちゃんたちに教えてもらうことを伝える。

2. 昔からの遊びを楽しもう

地域の老人会のお年寄りの方々に協力してもらって、昔遊びの場を設定する。勤務校の場合は毎年 20 人位のお年寄りが来てくださる。前もって、老人会の会長さんと打ち合わせをし、誰がどの遊びを担当するか割り振ってもらう。

体育館にこのように場を設定する。ビー玉の場はマットで囲むと良い。

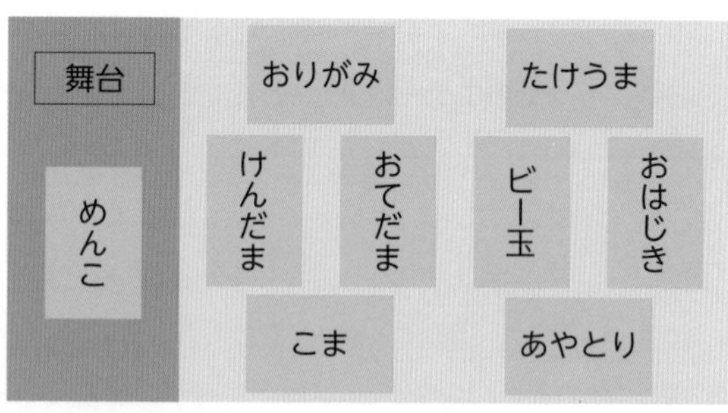

昔遊びは魅力がいっぱい！
手先の器用さをよくする昔遊び……あやとり・折り紙
体育の投げる技を鍛える昔遊び……めんこ・こま・紙でっぽう
体のバランスをよくする昔遊び……けん玉・竹馬
空間認知を鍛える昔遊び……………ビー玉・おはじき・お手玉

ワークスペースのような形で、子どもたちは好きな遊びに挑戦出来るようにする。

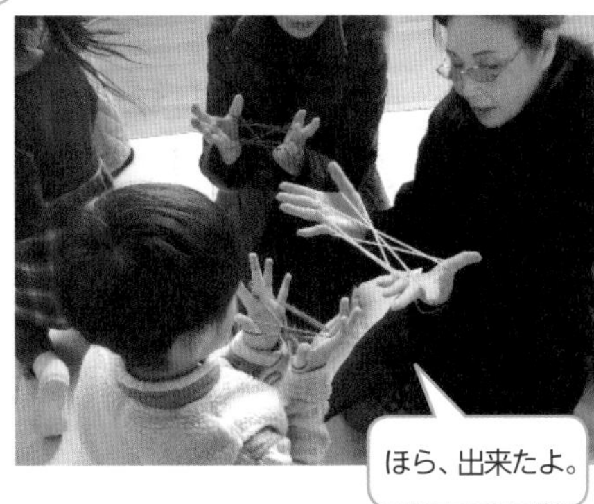

3. お礼の気持ちを伝えよう

おじいちゃん・おばあちゃんにお礼の気持ちを伝えます。
どんなふうに伝えたいですか。お隣と話し合ってみましょう。

・お手紙を書いたらいいよ。
・絵も描いて一緒に渡したいな。
・朝、学校に行くときにいつも立ってくれているおじいちゃんだよ。そのときにお礼を言ったらいい。

子どもたちのアイデアを褒め、老人会の会長さんに子どもたちが書いたお礼のお手紙や絵を持っていく。

（寺田真紀子）

もうすぐ２ねんせい・全体構造図

▶▶新しい１年生を招待したり、思い出を振り返ったりする。

8. もうすぐ2年生　全 11 時間

「新しい１年生を招待しよう」と「思いでいっぱい、１年生」のどちらを先に学習するかは、学級の実態や使用している教科書に合わせる。

新しい１年生を招待しよう

活動のポイント

「招待する会」の遊びは、場所や天候などを配慮して決める。

▼

雨天でも出来る遊び、遊ぶ場所の広さに適した遊びなど学級、学校の実態に合わせる。

招待する会の計画を立てよう

第１次　１時間

みんなが１年生になって、お兄さんやお姉さんにしてもらった一番うれしかったことは何かな。

もう一工夫するなら、どうしますか。

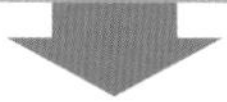

招待する会の準備をする

第２次　4時間

教える　遊ぶ　プレゼント

プログラムや仕事の分担　教室の飾り付け

招待する会を行う

第３次　２時間

招待する会を振り返る

第４次　２時間

新しい１年生は、にこにこしていたかな。

【到達させたい学習内容】

■ 年長児との関わりを深める中で、自分の成長や役割が増えたことに気づくとともに、進級への期待感や意欲を持つことが出来る。

■ 入学してからの１年間を振り返り、自分自身の成長に気づくことが出来る。

①新しい１年生を招待しよう（9時間）②おもいでいっぱい、１年生！（2時間）

おもいでいっぱい、１年生！

▲そうじ

▲給食

▲友達

１年間の思い出を集めよう

第１次　１時間

自分の思い出に金・銀・銅メダルをおくろう

第２次　１時間

活動のポイント

「お隣と話し合ってごらん」を上手く取り入れる。

▼

考えたり、話したりすることが苦手な子も取り組みやすい。

ぼく・わたしのおもいで
なまえ（　　　　　　）

金メダル

ぎんメダル

どうメダル

（井上和子）

あたらしい1ねんせいをむかえよう

▶▶新しい1年生に喜んでもらえるように工夫することが出来る。

1. 招待する会の計画を立てよう（1時間）

みんなが1年生になって、お兄さんやお姉さんたちにしてもらった一番嬉しかったことは何かな。

・一緒に遊んでくれたこと。
・運動場で転んだとき保健室に連れて行ってくれたこと。
・給食の準備をしてくれたこと。
・お掃除をしてくれたこと……など。

今度はみんながお兄さんやお姉さんになって新しい1年生に喜んでもらいましょう。新しい1年生に学校に来てもらいます。そこで、もう一工夫するなら、どうしますか。

教える

・学校の中を案内する。
・一緒に勉強する。
・一緒に給食を食べる。
・質問に答える。
・絵本の読み聞かせをする。

遊ぶ

・班で遊ぶ。
　→けん玉
　　コマ回し
・全員で遊ぶ。
　→カルタ

プレゼント

・招待状を送る。
・歌を歌ってあげる。
・花の種をあげる。
・いろ紙で首飾りを作ってあげる。

学級の実態に合わせて内容を決める。例えば3つの内容から1つずつ選ぶ。

教える
「○○小学校質問タイム」

遊ぶ
「けん玉教室」

プレゼント
「あさがおの種プレゼント」

教えるは「○○小学校質問タイム」を選び、新しい１年生から出た学校に関する質問に答える。遊ぶは「けん玉教室」を選び、一緒にけん玉をしながらコツを教える。プレゼントは「あさがおの種」を選び、贈る。

2.招待する会の準備をしよう（４時間）

教える

① 学校内を案内する。

班に分かれて、学校内を探検するので
その順路などを決める。

②質問に答える。

班に分かれて、学校のことを調べて
まとめる（教科や用具、遊具など）。

③給食を食べる。

給食を食べる班を決める。

④授業を受ける。

一緒に勉強する教科と内容を決める。
例）音楽で鍵盤ハーモニカを演奏する。
　　国語で絵本を読んであげる。

8 もうすぐ２ねんせい

遊ぶ

①班で遊ぶ。

・けん玉　・こま回し　・お手玉　・輪投げ

・あやとり　・すごろく……など。

② 全員で遊ぶ。

・かるた　・ハンカチ落とし……など。

楽しく遊ぶために
どんな工夫が
出来るかな。

困っていたら、
助けてあげる。

たくさん
褒めてあげる。

優しい声で
話しかける。

プレゼント

① 学級で育てた草花の種

・あさがお

・マリーゴールド

・ヒマワリ……など。

②メッセージカード

③首飾り

プログラムや仕事の分担・教室の飾り付け

①プログラムの順番を決める。
②司会や教室の飾り付けなど仕事の分担を決める。

①飾る場所を決める。
②飾りを作る。（くさりや絵など）
③飾る。

3．招待する会を開こう（２時間）

「ようこそ！○○小学校へ!!」の会の日程が決定したら、全教職員の方に「このような会を実施します。ご迷惑をおかけしますが、ご協力よろしくお願いします」と伝えておく。

当日会が始まる前に、今まで準備してきたことの確認のために頑張りたいことを発表し合う。

招待した新しい１年生と自己紹介をし合い、プログラムに沿って会を進める。学校探検の際には、学校内の数か所に教師が立って、子どもたちの様子を見守ったり、助言したりする。

4．招待する会を振り返ろう（２時間）

新しい１年生は、にこにこしていたかな。

学校探検で手をつないで歩くと、とても喜んでくれたよ。

あさがおを育てるって言ってたよ。種をあげて良かったな。

かるたがとても楽しくて、またしたいって言ってたよ。

（井上和子）

１ねんかんをふりかえろう

▶▶１年生の思い出を振り返り、進級への期待や意欲を持つことが出来る。

1．１年間の思い出を集めよう

１年生の１年間を思い出します。楽しかったこと、頑張ったこと、出来るようになったことなど、何があったかな。お隣と話し合ってごらん。

・休み時間に鬼ごっこしたこと。
・お掃除が上手になったこと。
・遠足でお弁当を食べたこと。
・鉄棒の逆上がりが出来るようになったこと。
・鍵盤ハーモニカを弾けるようになったこと……など。

たのしかったこと

がんばったこと

できるように
なったこと

子どもたちの発表を聞きながら「先生はみんなが出来るようになったこと、もっと知っていますよ。先生が言いましょうか」と揺さぶると、子どもたちは「先生に負けないぞ」と、活発に意見を述べ合う。

2．自分の思い出に金・銀・銅メダルを贈ろう

自分にとって特に心に残っている思い出に金メダル、銀メダル、銅メダルを贈りましょう。

【ワークシートの例】

ぼく・わたしのおもいで
名まえ（　　　　　　　　）
金メダル
ぎんメダル
どうメダル

① 自分のメダルを決める。

決まったらワークシートに書きます。どれにしようかなと、悩むときは先生や班の子と相談しましょうね。

② 友達とメダルを紹介し合う。

金・銀・銅メダルが書けたら、
班の子と自分のメダルが何か教え合いましょう。

おかずを上手に入れることが出来るようになったね。

③ 班の友達のメダルを紹介する。

班の子の素敵だなと思うメダルを発表しましょう。

④ ２年生への進級の期待や意欲を持つ。

友達がたくさん出来たよ。

みなさん、素敵なメダルを胸にさげて
２年生でも頑張ろうね。

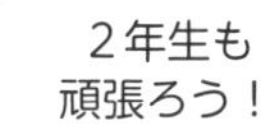

（井上和子）

春だ 今日から 2年生・全体構造図

▶▶五感を使って詳しく観察し、社会や自然を自分との関わりで捉えよう。

1. 春だ 今日から 2年生 全5時間

新しいわくわくをみんなで話そう

第1次 第1時

・1年生でやったことを思い出そう。

→

新しいわくわくをみんなで話そう

第1次 第2時

・1年生と2年生の違いを見つけよう。

→

校ていで春をさがそう

第2次 第1～3時

・これは何かな？
本物はどれかな？
・2つの違いを見つけよう。
・春探しに行こう。

1年生でやったこと

先生から丸をもらえると嬉しいね！

1年間でやる行事

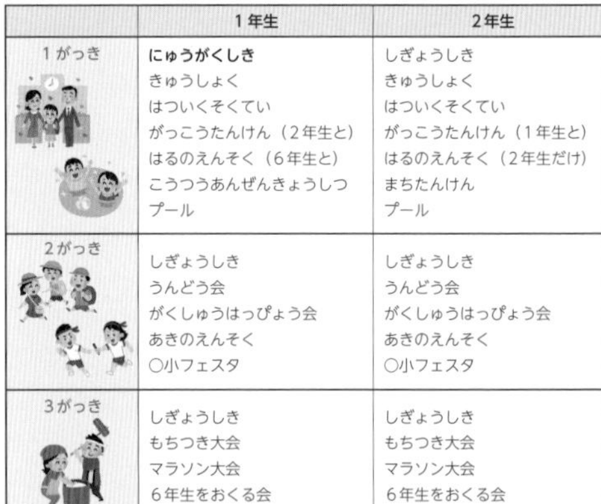

	1年生	2年生
1がっき	にゅうがくしき きゅうしょく はついくそくてい がっこうたんけん（2年生と） はるのえんそく（6年生と） こうつうあんぜんきょうしつ プール	しぎょうしき きゅうしょく はついくそくてい がっこうたんけん（1年生と） はるのえんそく（2年生だけ） まちたんけん プール
2がっき	しぎょうしき うんどう会 がくしゅうはっぴょう会 あきのえんそく ○小フェスタ	しぎょうしき うんどう会 がくしゅうはっぴょう会 あきのえんそく ○小フェスタ
3がっき	しぎょうしき もちつき大会 マラソン大会 6年生をおくる会	しぎょうしき もちつき大会 マラソン大会 6年生をおくる会

学校で飼育している生きもの
(例)

校庭にいる虫
(例)

1年生との違いは何かな？

さわるとふわふわでかわいいから大好き！

えさを捕まえるところがかっこよくて大好き！

【到達させたい学習内容】

- 五感を使って詳しく観察出来る。
- 社会や自然を自分との関わりで捉える。

春の校ていで みんなであそぼう

第3次 第1時・第2時

- 「同じ葉っぱを探そうゲーム①」
- 「同じ葉っぱを探そうゲーム②」

春の校ていで みんなであそぼう

第3次 第3時

- 花から実になっていく様子を観察しよう。
- 実の中はどうなっているかな。

五感を使って観察しよう！

〈目で見て〉〈耳で聞いて〉

〈鼻でにおいをかいで〉

〈手で触って〉

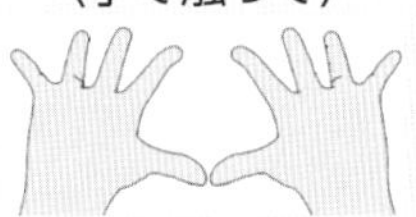

〈えさは何かな：口〉

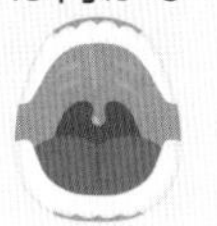

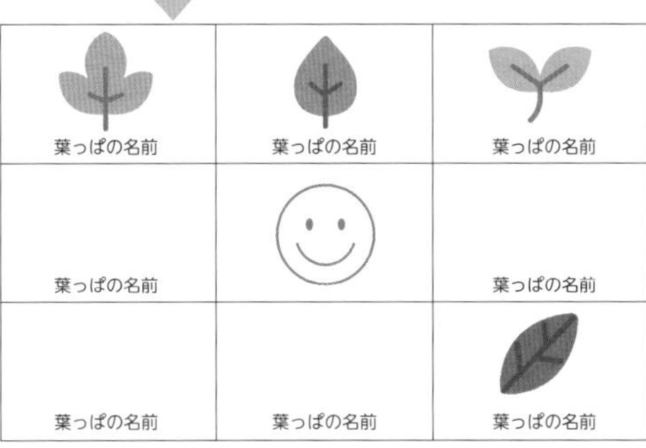

〈タブレットで調べよう〉〈協力して調べよう〉

〈図鑑で調べよう〉

（原田朋哉）

新しいわくわくををみんなで話そう

▶▶１年生でやったことと２年生でやることの違いから意欲を引き出す。

1．1年生でやったことを思い出そう（1）

> １年生でやったことを箇条書きしなさい。１つ書けたら持って来なさい。

１人を例示で当てる。

例えば、入学式・６年生と遠足などが出るだろう。

１つ書けたら持ってこさせて、◯をつける。

◯をつける時に、「◯◯ちゃん合格」と言うと、周りの子どもへの穏やかなプレッシャーにもなるし、◯をつけてもらった子どもも嬉しい。

「あと２つ書いて来なさい」「さらに２つ書いて来なさい」と言って、活動と活動の間の空白を埋める。さらに、まだ出ていない意見があれば、「◯◯ちゃんは、◯◯（例：６年生との遠足）って書いているよ」と周りの子どもに聞こえるように、◯をつけながら大きな声で言う。そうすれば、言ってもらえた子どもも嬉しいし、まだ書けていない子どもへのヒントにもなる。

基本的には、どの子も持って来ただけで、ひたすら褒める。

理想は、全員が３つ以上書いた状態まで持っていく。

2．1年生でやったことを思い出そう（2）

> 全員起立。ここから（一番端の一番前）発表します。
> 自分が書いたのが全て出たら座ります。

子どもが発表した意見を板書する。

途中（１列目が発表した時点ぐらい）で、「お友達の意見を聞いて、１つでも増やした人？」と聞くと、聞く力・書く力がついていく。

3．1年生と2年生の違いを見つけよう

（1年生でやったことを列挙した後、下の表を空いたスペースに貼り、問う）

> みんなの意見は、全て素晴らしい意見ばかりでした。
> 先生がまとめたものを貼ります。
> これを見比べて、2年生でしかやれないことは何ですか。

太字になっている所に注目した意見が出るだろう。また、「他にもありますか」とか「同じ名前の行事は、全く同じことをするから簡単だね」と問い返し、学年が上がるとやることが変わったり、レベルアップしたりすることを出させる。

最後は、みんなと新しいことに挑戦し、楽しい一年にしようと伝える。

1年間でやる行事

	1年生	2年生
1がっき	**にゅうがくしき** きゅうしょく はついくそくてい がっこうたんけん（2年生と） はるのえんそく（6年生と） こうつうあんぜんきょうしつ プール	しぎょうしき きゅうしょく はついくそくてい がっこうたんけん（1年生と） はるのえんそく（2年生だけ） まちたんけん プール
2がっき	しぎょうしき うんどう会 がくしゅうはっぴょう会 あきのえんそく ○小フェスタ	しぎょうしき うんどう会 がくしゅうはっぴょう会 あきのえんそく ○小フェスタ
3がっき	しぎょうしき もちつき大会 マラソン大会 6年生をおくる会	しぎょうしき もちつき大会 マラソン大会 6年生をおくる会

（原田朋哉）

校ていで春をさがそう

▶▶校庭にある春の生きものとの関わりに気づき、もっと知ろうとする。

1. これは何かな？ 本物はどれかな？

先生、校庭でいいものを見つけてきました。
先生の手の中に入っています。何だと思いますか。

「おしい」「50点」「色が似ている」「形が同じ」などと言いながら、子どもたちの全ての意見を褒めて認める。おそらく、モンシロチョウ、カマキリの赤ちゃん、タンポポ、桜、アリなどが出るだろう（少しずつ手を開けながら、子どもたちに見せる）。ダンゴムシということを知らせる。

2. ダンゴムシは、どこにいるかな？

ダンゴムシは、どんなところでたくさん見つかるでしょうか。

校庭の端、木の下、植木鉢の下、サッカーゴールの下、倉庫の裏などが出るだろう。例えば「◯◯さん（クラスの子ども）は植木鉢の下で見つけました」と言うと、自分の植木鉢の下にもいるかもしれないと探す視点を与えられる。

3. これって同じなのかな？

違うところでも見つけたＡとＢ（ダンゴムシとワラジムシの画像）を見比べて、わかったこと、気がついたこと、思ったことを箇条書きしなさい。

同じ虫、色が少し違う、背中の線の数が違う、など同じ・違うという両方の意見が出るだろう。意見を言ったことを全て認めて、「実は、この２つの虫は、違う虫です」と伝える。

4. 2つの違いを見つけよう

> Aを触ってみました。どうなると思いますか。

A（ダンゴムシ）の画像をクリックする。動画を埋め込んでおき、人が触ると丸くなる様子を映す。

「丸くなりました。これは？」→ダンゴムシと容易に答えられるだろう。

> Bを触ってみました。Aと同じ？　違う？

B（ワラジムシ）の動画をクリックする。素早く逃げるが、丸くならない。

5. 実は、2つは違う虫？

> 実は、AとBは、違う虫です。
> Aは、ダンゴムシといいます。言ってごらん。（ダンゴムシ）
> Bは、ワラジムシといいます。言ってごらん。（ワラジムシ）
> このように、同じように見えて、違う虫もいるんですね。

ダンゴムシとワラジムシは、見た目や生態が似ているが、この2匹の虫は違う。

この虫を見分ける主なポイントは、

① 刺激を与えたときに丸くなるかどうか。

② 移動するときのスピードが速いか遅いか。

どちらも、日中は植木鉢の下等にいるが、鉢をどかした際に、素早く逃げたらワラジムシであり、逃げるのが遅ければ、ダンゴムシである。

6. 実際に、春探しに行こう

前述の虫の違いを問う段階で、1つの視点を与えてあげると、実際の春探しがただの遊びにならない。あとは、子どもたちが持ってくるものをびっくりして褒めるだけである。

（原田朋哉）

春の校ていでみんなであそぼう

▶▶遊びを通して、校庭にある春の生きものとの関わりに気づきもっと知ろうとする。

1.同じ葉っぱを探そうゲーム（1）

班対抗！　同じ葉っぱ探しゲーム！
先生が見せる葉っぱと同じ葉っぱをたくさん持って来た班の勝ちです。

今の子どもは、自然に触れる機会が減っているので、生きている葉っぱに触れさせたい。

しかし、生きている葉っぱを無理やりハサミで切ったり、手でちぎったりすることが出来ない場合は、

① 簡単な校庭の地図を渡し、地図に印をつけさせていく。
② カメラやタブレットを渡し、写真に撮らせる。
③ 場所名のみをメモしていく。

という活動でも良い。学校の実態に応じて変化させれば良い。

2.同じ葉っぱを探そうゲーム（2）

班対抗！　同じ葉っぱ探しゲーム！
今から先生が見せる数種類の葉っぱと同じ葉っぱを多く見つけた班の勝ちです。

これなら、校庭のあらゆる場所を探すことで、ほかの生きものにも触れる機会が増える。また、いろいろな種類の葉っぱを探させる活動を通して、葉っぱの名前に興味を持てるようになる。

出来れば、各班にポケット図鑑を持たせたい。

そうすれば葉っぱの違いにも目がいくようになる。

3. 葉っぱビンゴゲーム

班対抗！　葉っぱビンゴゲーム！
４つ切り画用紙サイズ（大きめが良い）のビンゴカードを
班ごとに渡し、そこに見つけた葉っぱを並べていく。

ビンゴのマス目が埋まっていくのが達成感になり、全て埋めたくなるので、班で一緒に探したり、班を分割して探したり、班で作戦を考えて、協力するようになる（下の表のような状態なる）。

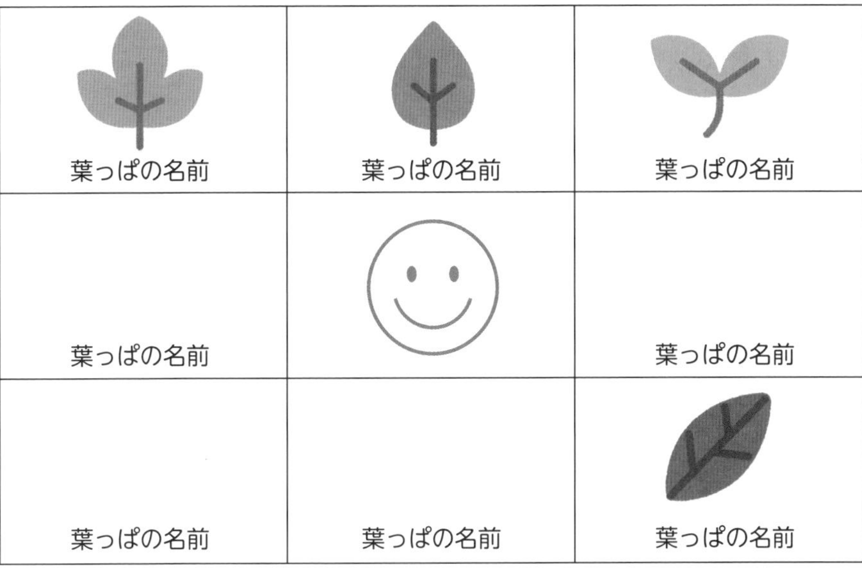

名前がわからないとビンゴにならないので、自然と名前を覚えるようになる。多くを集め、分類するようにもなる。やはり、ゲーム性が大切である。

注意点としては、

① 名前がわからないと面白くない。
② 学校の環境により、たくさんの種類の葉っぱを確保しにくい。
③ 危険な場所の葉っぱを取らないように指示する。

などが考えられる。

（原田朋哉）

大きくそだてわたしの野さい・全体構造図

▶▶スタートカリキュラムを意識して、保幼小連携を行おう。

2. 大きくそだてわたしの野さい　全12時間

どんな野さいを そだてたいかな

第1次	2時間

・育てたい野菜を決めて植えよう。

せわをしよう

第2次	2時間

・どんなお世話がいるのかな。
・野菜がピンチ！　どうしよう。
・観察カードを書こう。
・野菜新聞を作ろう。

比べる・分類する
どれが多いかな
友達の理由と比べよう

カード1

表

裏

（りゆう）
たくさんとれるから
おいしいから

カード2

ミニトマト　名前（　　　）
（絵）

うえるじき / とれるじき（1月〜12月）

（とれたかず）２５こくらい
（気をつけること）はっぱに水がかからないようにする。
みがついたら、ひりょうをあげる。

■ かんさつしよう

〈見る〉　〈かぐ〉　〈さわる〉

〈たとえる〉
「ビー玉くらいの大きさ」
「○○みたいなにおい」

〈比べる〉
「私の指と比べる」
「他の野菜と比べる」
「１週間前と比べる」
「数を数えて比べる」

■ 知識・経験から

（例）１年生のときは

・野菜名人を知っているよ

・ベランダで育てたよ

■ 困ったときはどうしよう？

対話　調査　地域の人々

・本で調べる

・野菜作り名人に聞きに行く

・インターネットで調べる

・電話で聞いてみる

【到達させたい学習内容】

■ 野菜の栽培に興味を持ち、世話の仕方を調べたり、人に聞いたりしながら育てることが出来る。

■ 気づいたことや考えたことを観察カードなどに書き、伝え合うことが出来る。

しゅうかくしよう

第3次　4時間

- 実った野菜は、どうなったとき収穫したらいいかな。
- 野菜パーティーをしたいね。

わたしの野さいをしょうかいしよう

第4次　4時間

- どんな方法で紹介出来るかな。
- 名人にお礼の手紙を書きたいね。

もっとやってみたいね

- 野菜の育て方がわかったよ。
- 秋や冬も育てたいね。

■ 収穫するのはいつ？野菜によって違いはあるのかな？

給食に入れてもらったよ

■ だれに伝えようかな

- 1年生
- 名人
- 地域の人
- お家の人

■ どんな方法で伝えようかな

（筒井隆代）

2年生でも野さいをそだてよう

▶▶カードを分類して共通点や相違点を見つけ、次の活動につなげよう。

■ どんな野菜を育てようかな

> みんなが今まで食べた野菜の中で、これが最高においしかった！という野菜は何ですか。

「ベランダで育てたトマト」「おばあちゃんが、育てた野菜」「遠足でほったじゃがいも」……など。

> 学校でも育てたいね。２年○組のみんなは、何の野菜を育てたいのか調べてみよう。

カード１に「育てたい野菜」と「理由」を書かせる。
書けたカードから黒板に貼っていく。「どの野菜が多いかな」と投げかけると、「種類ごとに集めたらいいよ」「○でグラフに表したらわかりやすいよ」などと意見が出てくるので、並べ替えたり、グラフに書いたりさせる。次に、理由にも注目させる。

カード１

表	裏
（絵）	（りゆう）
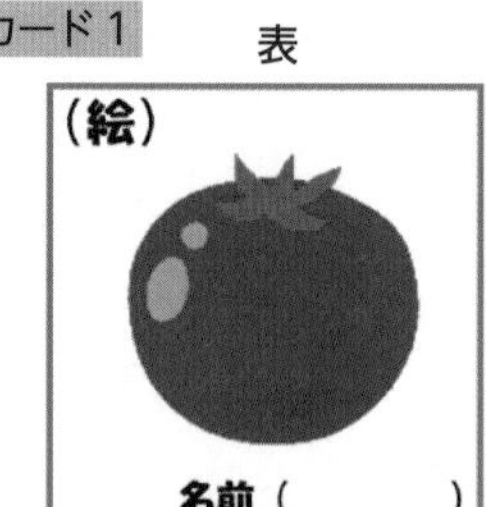	たくさんとれるから おいしいから
名前（　　　　）	

> クラスで一番人気があった野菜は、ミニトマトでした。ミニトマトを選んだ人はなぜ選んだのかな。

「たくさんとれるから」「早く実がなると思う」などの意見に、「キュウリも早くとれるよ」「おばあちゃんの畑ではキュウリもたくさん出来たよ」などの意見も出されることが予想出来る。

仲間分けする　共通点・相違点に目をつける

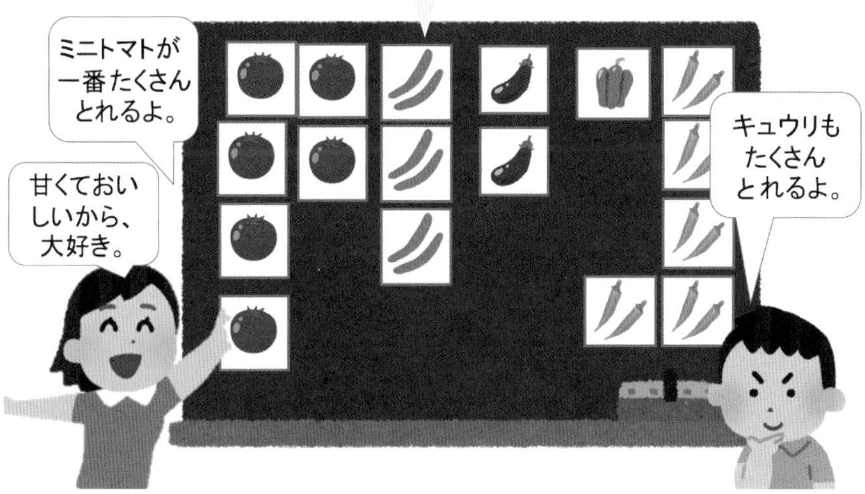

みんなが選んだ野菜がいつとれるか、どれくらいとれるか調べてみましょう。どうやって調べたらいいかな。

グループで担当する野菜を決め、カード２に書く。気を付けることは班で発表させるなどして、全員で共有する。

調べたり、聞いたりしたことを書く。昨年度の２年生の観察カードや新聞などがあれば活用したい。

カード２

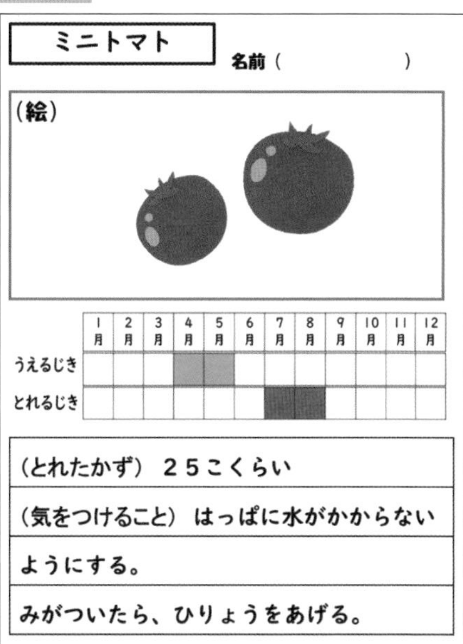

ミニトマト　　名前（　　　　　　）

（絵）

	1月	2月	3月	4月	5月	6月	7月	8月	9月	10月	11月	12月
うえるじき												
とれるじき												

（とれたかず）　２５こくらい

（気をつけること）　はっぱに水がかからない

ようにする。

みがついたら、ひりょうをあげる。

（筒井隆代）

どんなおせ話がいるのかな

▶▶野菜に必要な世話を考えたり調べたりしてそれを実行する。

1. 野菜の世話をする計画を立てよう

野菜が元気においしく育つためにみなさんが出来ることは何ですか？

1年生で朝顔を育てたときのことを想起させる。

「毎日水をあげる」「大きくなってきたら支柱を立てる」「肥料をまく」「雑草を抜く」など。

毎日するお世話と、必要な時にするお世話に分け、野菜の世話をする計画を立てる。

2. 野菜新聞を作ろう

野菜新聞を（模造紙などで）作る。「花が咲いた」「トマトが赤くなった」など、毎日の観察で気が付いたことを付箋に書き、それぞれのスペースに貼る。野菜の成長もわかるし、違う野菜と比べて共通点や相違点に気づくことが出来る。

3. 観察カードを書こう

自分の野菜の成長記録を書く。右のようなフォーマットを使って書くと、詳しく観察出来るようになる。

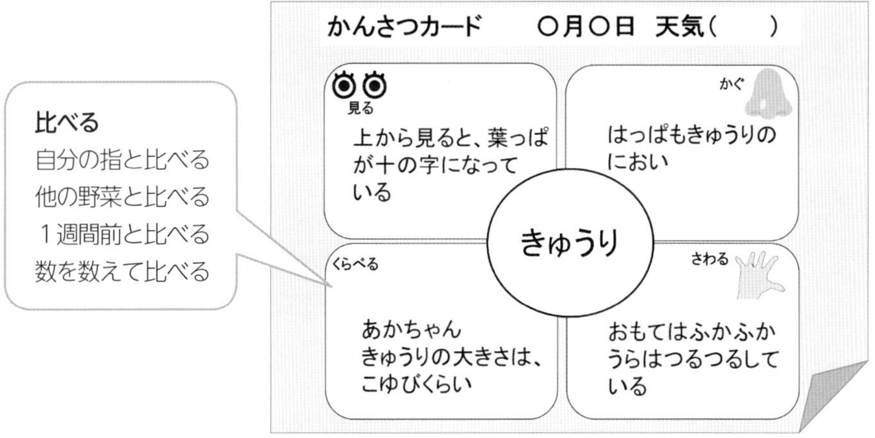

4. 野菜がピンチ！　どうしよう？

みんなの野菜がピンチです。どうしたらよいでしょう。

〈子どもたちの意見〉

（自分たちで出来ること）
しおれて元気がない。
　　　　→たっぷりお水をあげる。
トマトの苗が倒れそう。
　　　　→支柱に結ぶところを増やそう。
（わからないこと）
キュウリの葉に白いものが付いている。
小さい虫がたくさんいる。
　　　　→おじさんに聞く。本で調べる。

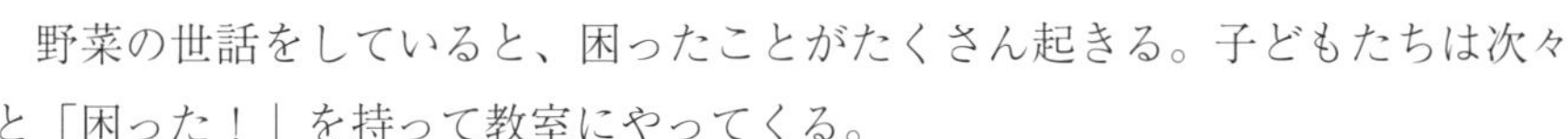

野菜の世話をしていると、困ったことがたくさん起きる。子どもたちは次々と「困った！」を持って教室にやってくる。

自分たちで解決出来そうなことと、出来ないことに分けさせて、自分たちで解決出来ないことはどうしたらいいか考えさせる。　（筒井隆代）

みのった野さいをしゅうかくしよう

▶▶野菜の収穫時期について考え、意欲的に観察する。

1. 開花の後、収穫出来るまで何日くらい？

野菜の花が咲いてから、何日くらいで実を収穫出来るかな。

「10日くらい」「30日ぐらい」「野菜の種類で、違うと思う」などの意見が出ると予想される。

1年生でのアサガオの栽培を想起させる。(開花後結実まで約1ヶ月)。昨年の記録カードがあれば活用したい。

ミニトマト、キュウリ、ナス、オクラ、ピーマン、シシトウなどの野菜は「実もの野菜」であることを確認し、実の成長に注目させる。

2. 野菜によって違いはあるのかな

開花後、結実までを観察する。

花が咲いたら、マスキングテープに開花日を記入し、根元に巻きつける。

1株あたり5～6個はマスキングテープで記録しておきたい。(結実しない場合もあるため)

「野菜の種類によって開花から結実までの期間が違うのか」と問うことで、「いろいろな野菜を比較・観察したい」という意欲を子どもたちから引き出したい。

実った野菜は、どうなったときに収穫したらいいかな。

「ミニトマトが、真っ赤になったら」「お店で売っている大きさぐらいになったら」「キュウリの先についている花がとれたら」などの意見が出ると予想される。

このように問うことで「収穫の一番おいしいタイミングを知りたい！」という子どもたちの探究心を引き出したい。

大事に育てたんだから、一番おいしく食べられるときに収穫したい。

お母さんが箱入りのトマトを買ったとき、へたの近くが緑色のものもあって、そのとき、「もう何日か待ったら、赤くなるよ」って言ってました。

家でキュウリを育てたとき、おじいちゃんが「大きくなりすぎるとおいしくなくなる」と言ってたよ。

収穫時期の留意点やおいしい状態を探る意見を子どもたちから引き出したい。難しいようであれば、少し青みの残るトマトを入手して、

みんなは「トマトは真っ赤がおいしい」と言ったけど、
このトマトはもうおいしく食べられないのかな。

と揺さぶりをかけてみる方法もある。また、野菜ではないが、バナナを例にして話をしてみてもよい。追熟について考えるいいきっかけになる。

自分たちで手間暇かけて育ててきた野菜を、一番おいしく食べたい、食べてもらいたいという気持ちで子どもたちは、積極的に調べ始める。

（阿部美奈子）

まちたんけん・全体構造図

▶▶「町探検」にでかけて、町の様子を調べよう。

3. まちが大すきたんけんたい　　5～6月　全10時間

1. たんけんの計画を立てよう

町のお店などの写真をもとに話し合う

1、2時間目：町の中のお気に入りの場所を思い出そう。

3時間目：オススメの場所がどこにあるか探ってみよう。

4時間目：行ってみる場所を確認し、観察の仕方を見つけよう。

2. さあ、たんけんに出かけよう

ノートに気づきを全て書く

5時間目：町探検前、マナーと交通安全の確認をしよう。

6、7時間目：町探検に出かけて、町の様子をよく調べよう。

3. 見つけたことをつたえ合おう

ノートに書いたことを発表

8時間目：見学したことをまとめ、町探検の振り返りを行おう。

9時間目：紹介カードを書き、
探検結果の発表練習をしよう。

10時間目：探検結果をみんなに紹介しよう。

【到達させたい学習内容】

知能・技能

地域のさまざまな場所を訪問したり利用したりする活動を通して、自分の身近な地域には、さまざまな場所があり、さまざまな人がいることに気づくとともに、生活上必要な習慣や技能を身に付けている。

思考・判断・表現

地域のさまざまな場所を訪問したり利用したりする活動を通して、身近な地域の場所と自分との関わりについて考えている。

主体的に学習に取り組む態度

地域のさまざまな場所を訪問したり利用したりする活動を通して、地域の人々と適切に接したり、安全に気をつけて生活したりしようとしている。

自由に移動をさせる場合、時間配分表を用意。

（例）

● **10時5分**
いどう。町たんけんかいし。
3つの店にまわる。
※10時45分になったら、とちゅうでもじどう公園に帰る。

● **10時55分**
じどうこうえんにあつまる。
おうちの人にお礼をいう。
※はやくかえってきたばあいは、さくぶんをかいてまつ。

見学の際のマナー

（例）

1　あいさつをする。
2　小学校名、学年、名前をいう。
3　見学していいかをきく。
4　見学させてもらう。
5　時間がありそうなら、しつ問をする。
6　おれいをいう。

※いそがしそうなときは話しかけない。お店に入らない。

（山本東矢）

たんけんの計画を立てて出かけよう

▶▶見学したい場所を考えさせ、カードで注意事項を押さえて出かけさせる。

1.「たんけんのじゅんび」をしよう

教科書を開いて（お店をインタビューしている写真が載っているページを開かせる）。

「この写真を見て、わかったこと、気がついたこと、思ったこと、驚いたこと、不思議に思うこと、質問をしたいことなどを書きましょう」

はい。Aくん「パンが30個ぐらいあります」そうそう、そんな感じで書くんだね。どんどん書こう（たくさん書かせる）。

よく出来ましたね。見学の時にもたくさん書いてね。

実際に行きたい場所なども書きましょう。その中から、行きたい場所を選びますからね（行きたい場所を多数決で決め、教師が連絡をとり行けるように手配する）。

今日は町探検ですね。お店の様子がどんな感じかなあって調べるからね。では、昨日渡した「まちたんけんカード」を出してください。

まちたんけんカード　（　　）組（　　）はん　名まえ

●ぜんたいのながれ　5月20日　2、3時間目　9時40分～11時30分

●じゅんびぶつ　①たんけんボード　②えんぴつ、けしごむ

③たんけんプリント　④さくぶんようし　⑤とけい（はんちょう）

①10時5分　いどう。まちたんけんかいし。3つの店をまわる。ついたら入る。

②10時45分になったら、とちゅうでもじどうこうえんにかえる。

③10時55分　じどうこうえんにあつまる。

※はやくかえってきたばあいは、さくぶんをかいてまつ。

たくさん気づいたことを書いて、作文プリントにぎっしり書けるようにしようね。あとは当たり前だけど、交通のルールを守ろうね。

さあ、探検出発!!

2.見つけたことを伝え合おう

①見学したことをまとめ、町探検の振り返りを行う

みんな、一生懸命探検していたね。

では、プリントをもとに、紹介プリントを書きましょう。教科書を見て。このように書きますよ。一度、読んでごらん（読ませる）。

> では、町探検に行って、 これはすごい、おもしろいな、 知らせたいなと思ったことを紹介カードに書きましょう。

（早く出来た子には２枚目を書かせる）

２枚目も終わった人は、それを紹介する練習を声に出して行いましょう。

②探検結果の発表をする

> さあ本番です。ですが、ちょっとその前に練習をしましょう。
> 隣の人と何回か練習をしなさい。

（練習をさせる）

> では、今から発表をします。前に来て、
> やってもらいます。だれからでもどうぞ。

> 私は花屋さんに行ってきました。お店に入った瞬間、とってもいい匂いがしました。お店の人は２人でした。とてもきれいな洋服を着ていました。
> カーネーションがたくさんおいてありました。「母の日ギフトにカーネーション」というお知らせがあって、買いたくなるような工夫をしていました。

（山本東矢）

生きものと友だち・全体構造図

▶▶大好きな生きものの不思議を見つけて、紹介しよう。

4. 生きものと友だち　全8時間

アゲハの幼虫が成虫になりました。

生きものをさがそう

第1次	第1・2時（2時間）

学習園で生きものを見つけよう
いろいろな生きものを探そう

生きものに興味・関心をもち、友達と協力しながら、生きものの住んでいそうな場所を見つけたり、つかまえたりする。

ダンゴムシは、枯れ葉を食べるよ。

生きものをかおう

第1次	第3・4時（2時間）

どんな世話をしたらいいのかな

生きものの住んでいた場所の特徴をもとにして、飼育ケースや空き瓶などを使って住みかを作り、世話をする。

【到達させたい学習内容】

- 生きものを見つけたり飼ったりする活動を通して、それらの育つ場所、変化や成長の様子に関心をもつ。
- 生きものへの親しみをもち、大切にしようとする。

生きもののふしぎを見つけよう

第1次	第5・6時（2時間）

ナナホシテントウの不思議
生きものの不思議を見つけよう

生きものの世話を通して、気づいたことや見つけたことなどを絵や文字などでカードに表す。

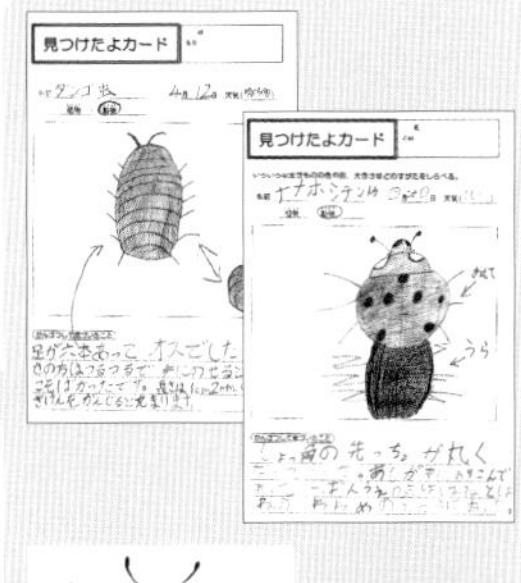

ナナホシテントウの星を描いてごらん。

生きものを紹介しよう

第2次	第7・8時（2時間）

生きものランドを開こう
（1）練習
（2）発表会

生きものを育てたり調べたりしたことをポスターなどにまとめて、自分の言葉で説明する。

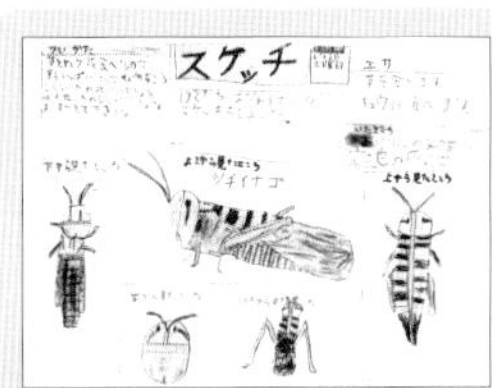

ぼくの大好きな生きものを紹介します。バッタは……。

（中谷康博）

生きものをさがそう

▶▶学習園や校庭で生きものを探し飼育や観察へとつなげていく活動をする。

1. 学習園で生きものを見つけよう（第1時）

学習園に子どもを集めて、次のように言う。

> 今から生きもの探しをします。どんな生きものが見つかるでしょうか。
> 時間は、10分間です。

生きものを見つけられたら、先生に見せに来るように話しておく。

10分後、再び子どもを全員集める。

> 見つけた生きものを紹介しましょう。

見つけた生きものを紹介することで、もっと見つけたいという意欲につながっていく。子どもに見つけやすいのは、ダンゴムシである。

ダンゴムシは、石や植木鉢の下、花壇の中などで見つけることが出来る。

また、他の生きものに比べて素早く逃げることはないので、捕まえやすい。

生きものを見つけることが出来た子どもが1人もいなかった場合も、植木鉢の下などを探してみるとよい。

あらかじめ、飼育ケースやコーヒーの空き瓶などを用意しておく。多数の飼育ケースが用意出来ないときは、グループで1ケースずつでもよい。

自分たちで見つけることが出来たという経験が休み時間などでも積極的に生きものを見つけようとする意欲につながっていく。

> もう一度、生きものを探しましょう。

再び生きものを探す活動をさせる。

2. いろいろな生きものをさがそう（第2時）

生きものを見つける活動は、休み時間などにもどんどんさせていく。

子どもが見つけてきた生きものを見て、「すごい」「へえ」「よく見つけたね」などと言って、大げさに感心したり褒めたりする。その都度、学級全体にも紹介をさせ、対話的に情報の交換をさせていくことで生きものを見つける意欲を高めていく。

生きものはどんなところで見つけましたか。

モンシロチョウやアゲハの幼虫、カタツムリ、ヤゴ（トンボの幼虫）、テントウムシなどの生きものは、比較的見つけやすい。

写真左は、レモンの木にやってきたアゲハ、写真右は、キャベツにいるモンシロチョウの幼虫である。

生きものを探しに行きましょう。

学習園や校庭以外に、学校周辺の野原や公園のほうがいい場合もあるだろう。生きものを教室に持ち帰る場合は、エサを用意出来るかも含めて考えさせる。

アゲハチョウの幼虫は、ミカンやレモンなど柑橘類の樹木の葉が必要である。

モンシロチョウの幼虫は、キャベツやブロッコリーなどのアブラナ科の植物の葉が必要である。授業の最後に、見つけた生きものを互いに紹介し合う。

（中谷康博）

生きものをかおう

▶▶生きものを見つけた場所に似た環境を作って飼育することが必要である。

■ どんな世話をしたらいいのかな？（第3・4時）

生きものを見つけた場所について話し合いをする。

見つけた生きものは、どんなところに住んでいましたか。

飼育ケースの中を出来るだけ、生きものが住んでいた環境に近い状態にするにはどうしたらいいのかを考えさせる。

【ダンゴムシ】

前時で見つけた生きものをもとに、その生きものが育つ環境について考えさせる。

ダンゴムシは、「植木鉢や石などの下にいるのを見つけた」「草や枯れ葉があった」「土は、湿っていた」などのように、自分たちが見つけたダンゴムシがどんな場所にいたかを思い出しながら発表するだろう。

右の写真は、インスタントコーヒーの空き瓶を飼育ケース代わりに使っている様子である。

ポイントは、以下の通りである。

① 腐葉土や植木鉢の土を入れる。
② 石を入れる。
③ 枯れ葉を入れる。
④ 霧吹きで湿らせる。

ダンゴムシは、枯れ葉をエサにすることを図鑑で確かめさせるとよい。

【アゲハ】

ミカン、レモン、サンショウ、カラタチなどの柑橘類の樹木の葉を食べて育つ。

アゲハの幼虫は、たくさんのエサを食べるので葉がすぐになくなってしまう。学校などで、アゲハのエサとなる葉をたくさん手に入れることが出来るなら、飼育することが出来る。
大きめの飼育ケースやペットボトルで飼育する場合は、エサの樹木の枝を水に差しておくと長持ちする。枝に棘があるので子どもには、注意をさせる。
蛹になると、飼育ケースの壁や蓋にくっ付いて動かなくなるので、触らないようにする。

【モンシロチョウ】

モンシロチョウは、学習園でエサとして、キャベツを育てていると見つけやすい。モンシロチョウの幼虫は成長するにしたがって食べる量が増えて、糞もたくさんするので、飼育ケースの中をこまめに掃除させる。
右の写真のように、蓋つきの透明容器が百円均一ショップなどで販売されているので、それに空気穴を空けて観察に利用することも出来る。

【ヤゴ（トンボの幼虫）】

▲プールでのヤゴ採り

学校や近くに池や小川や田があれば、ヤゴを見つけることが出来る。プール清掃のときなら、池のない学校でもヤゴを見つけることが出来るだろう。バケツ稲を育てているなら、その水の中でヤゴが見つかることもある。
ヤゴは、水生昆虫をエサにして生きているので、ヤゴが住んでいた水にいる生きものも同時に集めておくようにする。
エサが足りなくなったら、アカムシやイトミミズをエサとして入れることも必要である。
また、狭いケースに複数のヤゴを入れると、共食いをする可能性があるので、ペットボトルなどを使って、出来るだけ１匹ずつ飼育するとよい。
酸素がなくならないように、池の水を入れ替えたり水草を入れたりポンプで空気を送ったりする方法もあるが、飼育期間が長期でなければ必要ない。

（中谷康博）

生きもののふしぎを見つけよう

▶▶学習園で見つけた生きものを観察し、不思議を見つける活動をする。

1. ナナホシテントウの不思議（第５時）

次の白抜きのテントウムシの絵を使って、脚、胴体、頭の順に少しずつじらしながら見せていく。

この生きものは、何でしょうか。

部分的に見せられるので、子どもたちは、興味をもって学習に取り組むだろう。

テントウムシと答えが出たところで、ナナホシテントウであることを話し、右の絵に星を描かせる。７つの星だけでなく様々な絵が描かれるだろう。

ナナホシテントウの星は、何色ですか。

板書させて、どれが正しいのか考えさせると面白い。

その後で、もし、ナナホシテントウを飼育していたら、観察させる。

星は黒で羽は赤である。７つ星なのでナナホシテントウである。

ナナホシテントウの卵は何色ですか。

黄色である。1mmほどの大きさだが、草むらで見つけることが出来る。

生まれたての幼虫も黄色で、触ると軟らかい。

ナナホシテントウの幼虫は、どんな姿をしていると思いますか。

昆虫博士のような子どもなら知っている。草むらで比較的見つけやすい。

2. 生きものの不思議を見つけよう（第6時）

生きものを育てていて発見したことをカードに書きましょう。

学級文庫に生きもの図鑑を複数用意しておき、カードを書くときに、興味があれば、図鑑で詳しく調べさせても良い。

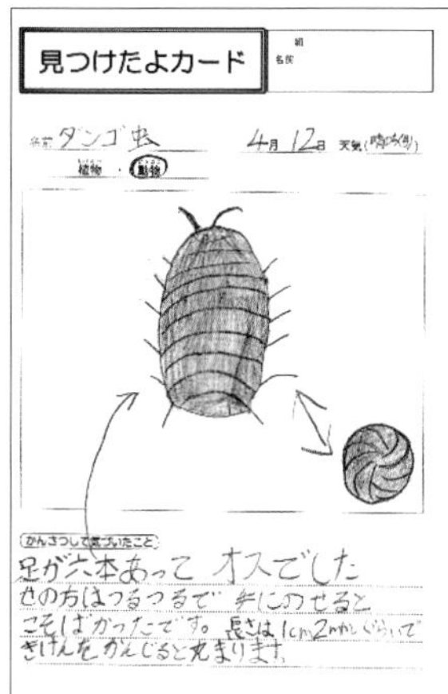

以下、子どもの作文である。

〈5月19日〉

カブトムシのことをしらべます。こうびをしてからおかあさんが土の中にはいってたまごをうみます。

（1）まもること

① カブトムシのおかあさんがうんだたまごを見ないこと。

② たまごをさわらないこと。

③ おとさないこと。

（2）よう虫が大きくなってやってはいけないこと

① よう虫をさわらないこと。

② よう虫のむしかごをたいようの光がいっぱいあたるところにおかないこと。

③ 水をいれすぎないこと。

いじょう。

（中谷康博）

発けんしたことをつたえよう

▶▶生きものを紹介する活動を通して一層生きものが大好きになるようにする。

■「生きものランド」を開こう（第7・8時）

お気に入りの生きものを紹介しましょう。

生きものの発表会を「生きものランド」と名付けて、開催することを話す。

多目的室のような場所を使って、各ブースに分かれて、自分の育てている生きものを紹介するのである。

（1）準備

発表するためには、あらかじめ、生きものの様子をよく観察したり図鑑などで飼育の仕方を確認したりさせる。

生きもののことを詳しく知ってもらうために説明を考えて、練習しましょう。

発表会までにどのように話すのかを考えさせて、発表の練習をさせておく。国語科との合科学習として行い、聞き手を見て、ゆっくりとはっきりした声で話すことに注意して練習させる。

説明用のポスターを作りましょう。

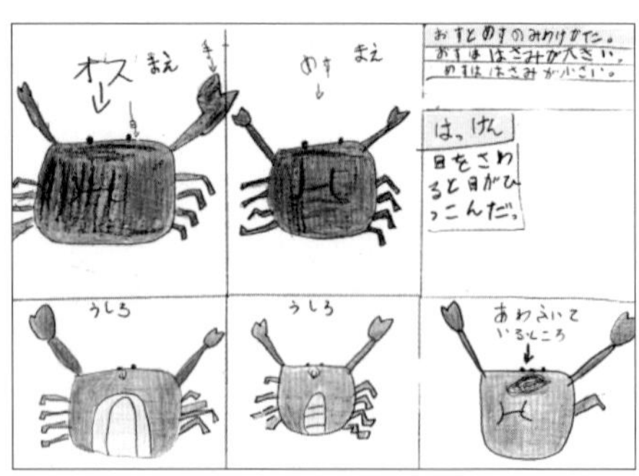

右図は、教室で飼育していたカニを紹介するポスターである。

発見したことや、オスとメスの見分け方について書いている。

絵をうまく描いているので、わかりやすいポスターになっている。

右図は、イナゴを紹介するポスターである。横からの絵だけではなく、正面から見た絵や上から見た絵などが描かれている。エサのことや飼育ケースの中の様子も描いている。発表会では、飼育ケースで見せるので、説明の助けになる。

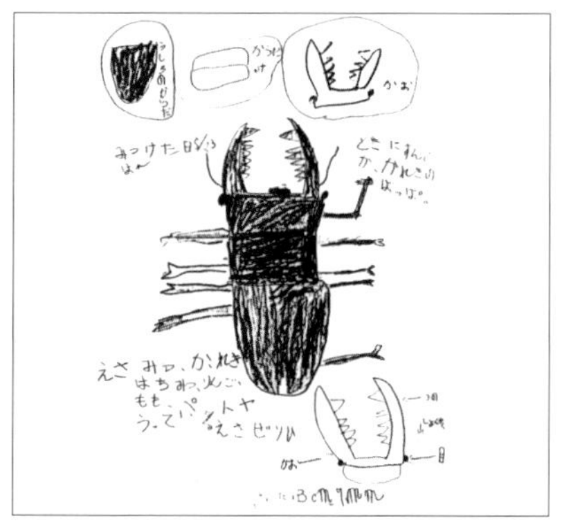

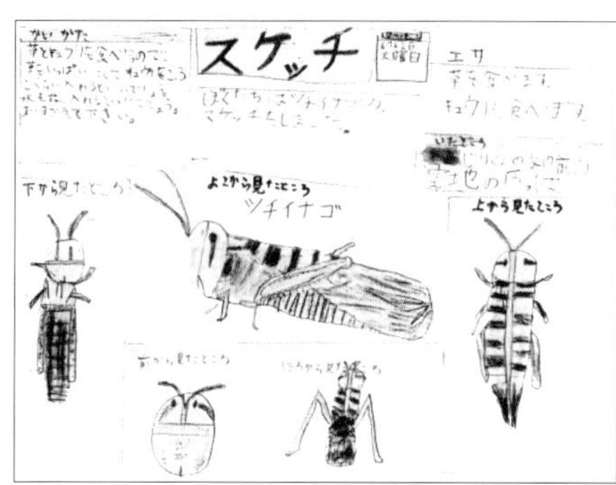

（2）発表会

学級を２つに分けて、生きものを紹介するグループとそれを聞くグループにして行う方法もあるが、隣の学級から子どもたちに来てもらう方法もある。

また、１年生に来てもらったり、幼稚園や保育園に声をかける方法もある。

聞き手がはっきりすると子どもは緊張感をもって発表する。

（中谷康博）

うごく うごく わたしの おもちゃ・全体構造図

▶▶試行錯誤をして、動くおもちゃを作ろう。

5. うごく　うごく　わたしの　おもちゃ　　全12時間

児童会まつりの出し物と関連付けて、動くおもちゃ作りへの興味・関心を持たせるとよい。また、ゴムや空気、おもり、磁石などを使った体験は、3年生の理科へとつながっている。試行錯誤しながら取り組むことが大切である。

第1次　うごく　おもちゃを　つくろう　3時間

① 教師の作った見本のおもちゃで遊ぶ。

②③ 見本のおもちゃや教科書を参考にして、おもちゃに必要な材料や道具を考えて用意し、**試行錯誤しながら、**自分のおもちゃを作り、動かして遊ぶ。

第2次　もっと　くふうしよう　3時間

① 自分の作ったおもちゃで遊んだり、友達と競争したりする。

②③ 友達と**比べたり、工夫したところを教え合ったり**して、試行錯誤しながら、さらに自分たちのおもちゃの機能が高まるように改良する。

【到達させたい学習内容】

■ 身近にあるものを使って、動くおもちゃを試行錯誤して作り、友達と競争したり、工夫を教え合ったりしながら、よりよく動くように改良することを通して、動くおもちゃの面白さや不思議さを実感する。

■ 遊び方を工夫して、みんなで遊びを楽しむことが出来るようにする。

第3次	あそび方を　くふうしよう	6時間

① みんなで楽しく遊ぶための**ルールや遊び方**、準備することなどについて話し合う。

②③ みんなで遊ぶために、おもちゃや会場の準備をしたり、**遊び方の紹介パンフレット**などを作ったりする。

④⑤遊びながら、おもちゃを改良したり、さらに**楽しくするためのルール**を考えたりする。

⑥みんなで遊んだり、友達に教えてもらったりしたことを振り返り、記録カードなどに書く。

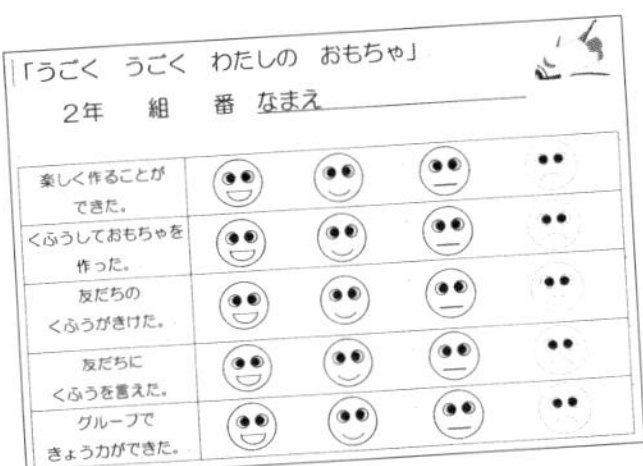

「うごく　うごく　わたしの　おもちゃ」

2年　組　番　なまえ

楽しく作ることができた。				
くふうしておもちゃを作った。				
友だちのくふうがきけた。				
友だちにくふうを言えた。				
グループできょう力ができた。				

遊びコーナーを運営する側と遊ぶ側とに分けて、両方を体験させるとよい。そうすることによって、学級みんなで楽しく遊ぶ方法を考える手立てになる。また、幼稚園や1年生を招待して一緒に遊ぶことも考えられる。

評価のポイント

自分で工夫して作ったおもちゃでルールを考え、みんなと遊び、自己評価が出来たか。

（木谷圭介）

せかいでひとつの わたしのおもちゃを作ろう

▶▶どんな材料でどうやったらうごくおもちゃが出来るのかを考える。

1. 教師の作った見本のおもちゃで遊ぼう！

スペースシャトルを動かすのに、どんな工夫があるのかな？

見本のおもちゃは、「空気」「ゴム」「おもり」「磁石」など、多様な動力源で動くおもちゃの中から、教師が作って見本を示す。

「ビニール袋に空気が入っている」「スペースシャトルの絵の下に段ボールがある」「ビニール袋の下に穴が開いている」などの意見が出ると予想される。

このおもちゃは、ホバークラフトである。スペースシャトルで月に行くという設定にした。子どもたちはみんな、ちゃんと月に行けるのか、ワクワクしながら見ていた。

こちらのQRコードでホバークラフトの動画を視聴出来ます。

どうやって動いている？

2. おもちゃに必要な材料や道具は何かな？

教科書や図書室のおもちゃ図鑑などを参考に、自分が作ってみたいおもちゃの必要な材料や道具を考えて用意する。

学校にある段ボールの廃材など、身の回りのものを活用して作る。また、お家にある廃材なども活用する。

何を作ろう？

◀タコ糸ロケット

▲磁石で魚釣り

▲紙コップロケット

3. 自分のおもちゃを作り、動かして遊ぼう！

どうやったら動くのか、いろいろ工夫をしてみましょう。

「空気を入れるところを作ろう」「段ボールって必要なのかな？」「普通の紙（上質紙）でも動くのかな」などの意見が出ると予想される。

いろいろ工夫をしてみて、自分のおもちゃが動いたら、嬉しいね！

このように問うことで「いろいろ工夫をして、動かしたい！」という子どもたちの探究心を引き出したい。

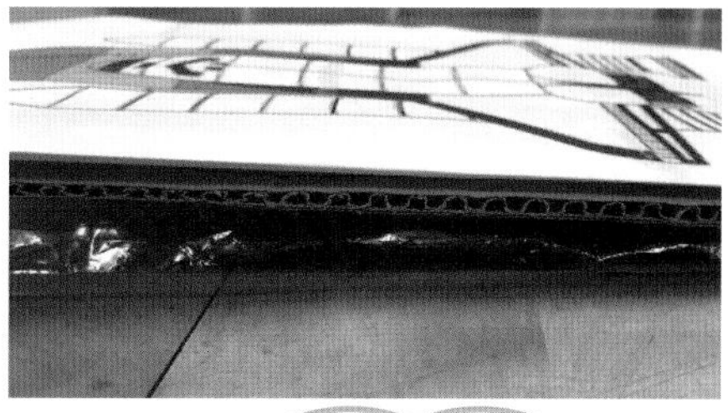

●子どもから引き出したい対話

空気をたくさん入れたほうが、遠くまで動くのかなぁ。どうやって空気を入れるのだろう。

段ボールを使うと重たくなって動きが遅くなると思う。プリントの紙のほうが軽くて動くかもしれない。

1年生の時に、どんぐりゴマを作ったとき、中心につまようじを刺すとくるくる回ったよ。ビニール袋の穴を開けるのも真ん中がいいのかな。

試行錯誤する中で、失敗しても次にどうやったら、うまく動くのかを友達とともに考え、様々な意見が子どもから出るようにしたい。教師が演技をして、

袋の下に穴が開いていると空気が抜けてしまう！
穴を開けないほうが、もっとよく動くのかな？

と揺さぶりをかけてみる方法もある。摩擦について考えるよいきっかけになる。

※ホバークラフトなどの作り方については、下記の書籍がオススメ !!

参考文献（小森栄治著『シングルエイジサイエンス 簡単・キレイ・感動!! 10歳までのかがくあそび』学芸みらい社）

（木谷圭介・木村雄介）

もっとよくうごくおもちゃにしよう！

▶▶形や重さなどに気にしながら、もっとよく動くおもちゃを作る工夫をする。

1. 自分で遊んだり、友達と競争したりしよう！

自分の作ったおもちゃで遊んだり、友達と競争したりして遊ぶことで、どうしたら自分のおもちゃがもっとはやく動いたり、もっと遠くまで動いたりするのかを考えさせたい。機能性を高めるために、比べたり、試したり、見立てたりしながら、工夫しておもちゃを作らせたい。

「みんなで遊ぼう」
１年の生活科で、「友達といっしょに遊びながら、もっと楽しく遊べるように、おもちゃや遊び方を工夫し、みんなで遊びを楽しむことが出来るようにする」とある。

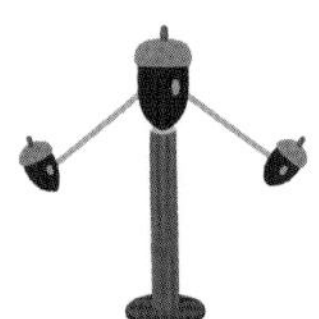

2. 試行錯誤して、改良しよう!!

もっとはやく、もっと遠くまで動かすには、どんな工夫をすればいいかな。

「もっと大きなビニール袋にする」「段ボールより薄い紙のほうが軽くなってもっとはやくなると思う」「ビニール袋の穴を大きくする」などの意見が出ると予想される。

友達がどんな工夫をしていたのか、交流するとよい。

手前(スペースシャトル)にあるのが、前時に作ったもの。奥にあるのが45リットルの透明の袋で作ったもの。子どもたちはあまりの大きさに驚いていた。袋の大きさに注目した。

おもちゃのデザイン性ではなく、機能性に注目させる。友達と比べたり、試したり、見立てたり、工夫をさせる。

みんないろいろな工夫をすると、今度する“おもちゃランド”が楽しくなるよね !!

このように問うことで、「もっとはやく、もっと遠くまで動かしたい」という子どもの探求心を引き出したい。

● 子どもから引き出したい対話

さっきは、袋の大きさに注目をしていたけれど、袋の穴の大きさに注目している人がいました。

ビニール袋の穴：縦10ｃｍ・横10ｃｍをもっと大きくする（縦20ｃｍ・横20ｃｍ）と、たくさん空気が入って、もっとはやく、もっと遠くまで行くと思う。

ビニール袋の穴：縦10ｃｍ・横10ｃｍをもっと小さくする（縦５ｃｍ・横５ｃｍ）と、空気が抜けなくなって、もっとはやく、もっと遠くまで行けるのかな。

子どもたちは、袋の大きさや穴の大きさなど、袋に注目をする。また、段ボールを紙に替えてみる子もいた。つまり、材料に注目する子がほとんどだ。さらに、違った視点を持つために、教師が演技をして、

みんなは、「もっとはやく動かしたい」と言ったけれど、坂道にするとはやくなるのかな。

と環境を変える方法も言ってみるとよい。漏れ出す空気で摩擦が減ってス ムーズに動くことについて考えるよいきっかけになる。

参考文献（小森栄治著『シングルエイジサイエンス 簡単・キレイ・感動 !! 10歳までのかがくあそび』学芸みらい社）

（木谷圭介・木村雄介）

あそび方をくふうしよう

▶▶おもちゃの遊び方のルールブックや図鑑を作り、自分たちの良さに気づく。

1. ルールや遊び方を考え、準備しよう！

自分が作ったおもちゃは個人で遊んで終わりではない。みんなで楽しく遊ぶためのルールや遊び方をクラスで話し合い、準備することが大切である。

みんなで楽しく遊ぶには、どのような遊び方やルールが必要かな。

このように問うことで、「自分だけでなく、相手も楽しいと思ってもらうにはどうしたらいいか」を考えさせたい。

● 子どもから引き出したい対話

得点があるゲームがいいです。

ゴールを決めておくと得点の基準がはっきりしていいと思います。

作ったおもちゃによって、ルールは変わってくると思います。

だから、同じおもちゃ同士でグループにしたほうが、いいと思いました。人数が多い時は、２つのグループにすればいいと思います。

遊びのルールだけでなく、後片付けや整理整頓のルールも必要です。

ごみが出た時は、どのゴミ箱に捨てるのかを決めたほうがいいです。家でもごみは種類によって分けて捨てています。

2. 遊び方の紹介やパンフレットを作ろう

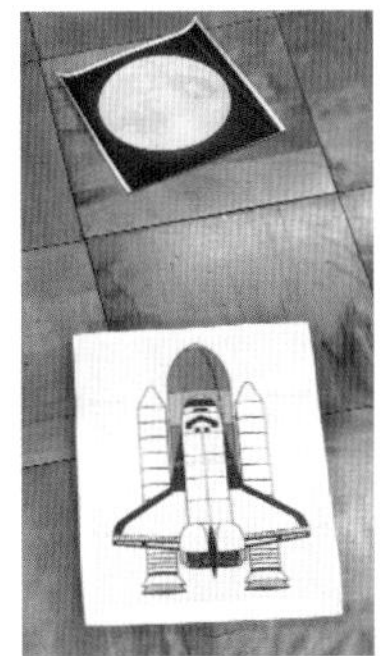

同じようなおもちゃを作った子ども同士をグループにして、みんなで楽しく遊ぶためのルールやパンフレットを作る。

【ルール説明】スペースシャトルが無事に月に到着したらゴールだよ。失敗したらスタートに戻ってね。まっすぐに動かすのは難しいよ。

●パンフレットコーナー

3. おもちゃや遊び方を改良しよう！

遊びコーナーを運営するチームと遊ぶチームに分かれ、両方経験すると改良点が見つかりやすい。

1年生を招待して、一緒に遊びたいな！
スペースシャトルのスタート地点は、
もっと近くに したほうがいいね。

4. ルーブリックカードで振り返りをしよう！

授業の振り返りを文章で書くとなると低学年の子どもたちでは時間がかなりかかることがあるが、ルーブリックカードなら短時間で振り返りが出来る。使いたい方は、右のQRコードで、DL出来る。

こちらの
QRコードで
ルーブリックカード
をDL出来ます。

「うごく　うごく　わたしの　おもちゃ」

2年　組　番　なまえ

楽しく作ることができた。	(◎笑顔)	(○にこにこ)	(－ふつう)	(△かなしい)
くふうしておもちゃを作った。				
友だちのくふうがきけた。				
友だちにくふうを言えた。				
グループできょう力ができた。				

（木谷圭介・木村雄介）

もっと知りたい たんけんたい・全体構造図

▶▶地域の人々や場所に親しみや愛着を持つことが出来るようにする。

6. もっと知りたい　たんけんたい　　全12時間

■ 町の人にインタビューしよう（6時間）

見つける 課題を見つけ、探検計画を立てる　第1～2時

① 町の「？（はてな)」を見つける。
② 探検の作戦会議をする。
③ 探検計画書を作成する。
④ 注意事項を共有する。

発見する 探検に出かけ、インタビューする　第3～4時

① 探検計画書に従い、探検やインタビューを実施する。
② 自分の知っていることと似ているところを探す。
③ 新しい発見を探す。

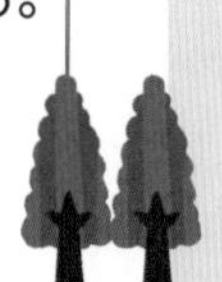

すてき商店街

比べる 発見を交流し、比べてみる　第5～6時

① 町の「？（はてな)」を見つける。
② 探検の作戦会議をする。
③ 探検計画書を作成する。
④ 注意事項を共有する。

【到達させたい学習内容】

- 町探検や発表の目当てをもって、学習に取り組むことが出来る。
- 友達と話し合って、町の良さの発見や比較、伝え方の工夫が出来る。
- 春の探検活動や学びを生かして、学習を深めることが出来る。

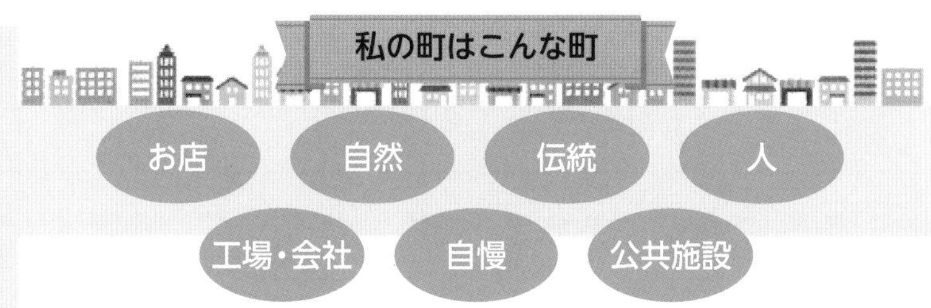

■ 町のすてきをつたえよう（6時間）

見通す 工夫する 伝えたいことをまとめて、準備する　第7～10時

① 誰に、何を、どうやって伝えるのかを話し合って決める。
② 資料や台本を作成する。
③ ポスター、パンフレット、新聞、劇、クイズなど、伝える方法を工夫する。

伝え合う 町のすてきなところを伝え合う　第11～12時

① わかりやすく伝えられるように練習する。
② 交流会を行う。
③ 互いに意見を出し合う。

すてき川

（神谷祐子）

町の人にインタビューしてしらべてみよう

▶▶町の良さや自分たちとの関わりに気づき、意欲的に学ぼうとする。

1.看板の秘密は？

お店の看板です。お店の看板には、いろいろな秘密があるのですが、みなさん、どんな秘密かわかりますか。

- 何のお店かわかる。
- 夜になると、明るくなるものがある。
- だいたいのお店には２種類（またはそれ以上）の看板がある。
- 電話番号が書いてある看板もある。
- コンビニの看板は、同じチェーン店では同じだ。
- 大きな看板と小さな看板がある……など。

看板は１つでもいいはずなのに、どうして大きな看板と小さな看板があるのでしょうか。

・たくさんあったほうがわかりやすいから。
・お店の人がたくさん付けたかったから……など。
　いろいろな意見が予想される。

この写真を見て、何か気づいたことがありませんか。

　大きな看板と小さな看板のかかっている方向に気づかせる。道路の向こう側には遠くからでも見えるように大きな看板、道路沿いには歩いている人が見えやすいように、向きを変えていることなどに気づかせる。

看板にも、いろいろな工夫がありますね。お店の人にとって、お店の入り口ってとっても大切ですよね。お客さんに入ってもらわないと困りますからね。
では、お店の人は、お店の入り口にどんな工夫をしていますか。

・テントを立てて日よけにしている。
・季節に合わせた品物を出している。
・人気のある商品を黒板を使って紹介している。
・きれいな色の布をかざっている。
・きれいに掃除している。
・お店の中が見えやすいようにしている……など。

こちらのお店の工夫はどうなっているでしょうか。

・お花が飾ってある。
・傘立てがある。
・開店していることがわかる。
・メニューの値段がわかる。
・おしゃれなつくりにしている
……など。

私たちの町のお店の入り口には、どんな工夫がされていますか。
それは、どうやったら、調べられるでしょうか。

・探検に出かける。
・お店の人にインタビューしてみる。
などの意見が出てくると予想される。

2. 探検計画を立てよう

今日は、町探検の計画を立てます。探検計画には、どんなことを書けば良いでしょうか。教科書や図書（学級文庫）で調べてごらん。

探検に出かけるグループごとに、必要事項を相談して調べ、発表ボードに記して、クラス全体で確認する。

探検する場所や注意事項などを調整して、「探検計画書」をグループで相談しながら全員で作成する。

探検計画書が書けたグループから、インタビューの練習や、自分たちの予想を交流するなどして、スキルやマナーが高められるようにする。

3. 探検に行こう

いよいよ町探検の日です。みなさんは、どんなことに注意しようと考えていますか。1つずつ言ってごらん。

グループで意見を出し合った後、全体で交流するなどして、ポイントや目当てを確認する。その際、「一番大切なのは、みなさんの安全と、友達の良いところを発見すること」（校外学習の核心）であることをしっかりと押さえる。

4. わかったことを話し合おう

探検に行って発見したこと、インタビューをしてわかったことはどんなことですか。

（例）

【○はん】
1 たんけん場しょ
2 お店のくふう
3 インタービューしてわかったこと
4 気づいたこと

実際に児童が書いた探検結果

【1ぱん】
1 森ベーカリー
2 おすすめのパンが書いてあった。
3 きせつによって人気のパンがある。
4 給食当番のようなふくそうをしていた。

グループごとに資料や発表ボードを用いて、探検結果の交流を行う。

探検した場所によって、似ているところ、違うところを比べましょう。

（似ているところ）
・お客さんによろこんでもらいたいと話していた。
・外国人のお客さんが増えてきている。
・季節によって並べる商品を替えている。

（違うところ）
・お店の人の服装。
・キャッシュレスカードの種類。

（神谷祐子）

町のすてきをつたえる じゅんびをしよう

▶▶発見したお店の人の工夫をどのようにみんなに伝えるか考える。

1.「○×シューズ」のお店の人の工夫を伝える方法を決めよう

「○×シューズ」のお店の人の工夫を伝えます。どんな伝えかたがあるのか、教科書や図書で調べてみましょう。
そして、調べた中で、お店の人の工夫が一番よく伝わる方法を選びましょう。

「○×シューズ」の人の工夫は紙芝居で伝えるとわかりやすいね。

コマーシャルソングを一緒に歌ってもらうのはどうかな？

クイズにするとみんなで楽しめるね。

【ポイント】
・「だれに」「何を」「どうやって」伝えるのかを確認する。
・伝えたい事を発表する言葉のとおりに書く。
・発表方法が決まったグループから黒板に書いて、まだ、決めていないグループの参考にする。
・組み合わせてもいいことを知らせる。

紙芝居の例

開店する前にお店のそうじをして、お店をきれいにします。

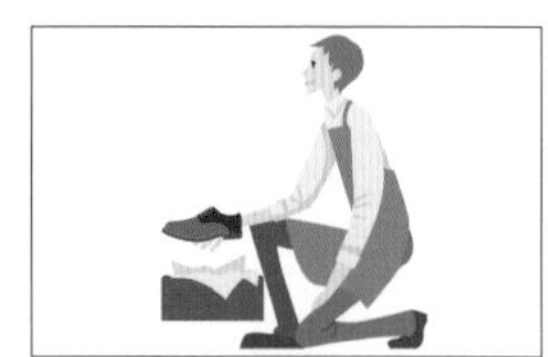

お客さんの好みに合ったくつをえらびます。

人気のあるくつをショーウインドーにかざって見てもらいます。

2. 計画を立て、準備をしよう

「○×シューズ」のお店の人の工夫発表会に向けて計画を立てよう。

〈「なにを」「いつまでに」「どこまで」仕上げるのか見える化する〉

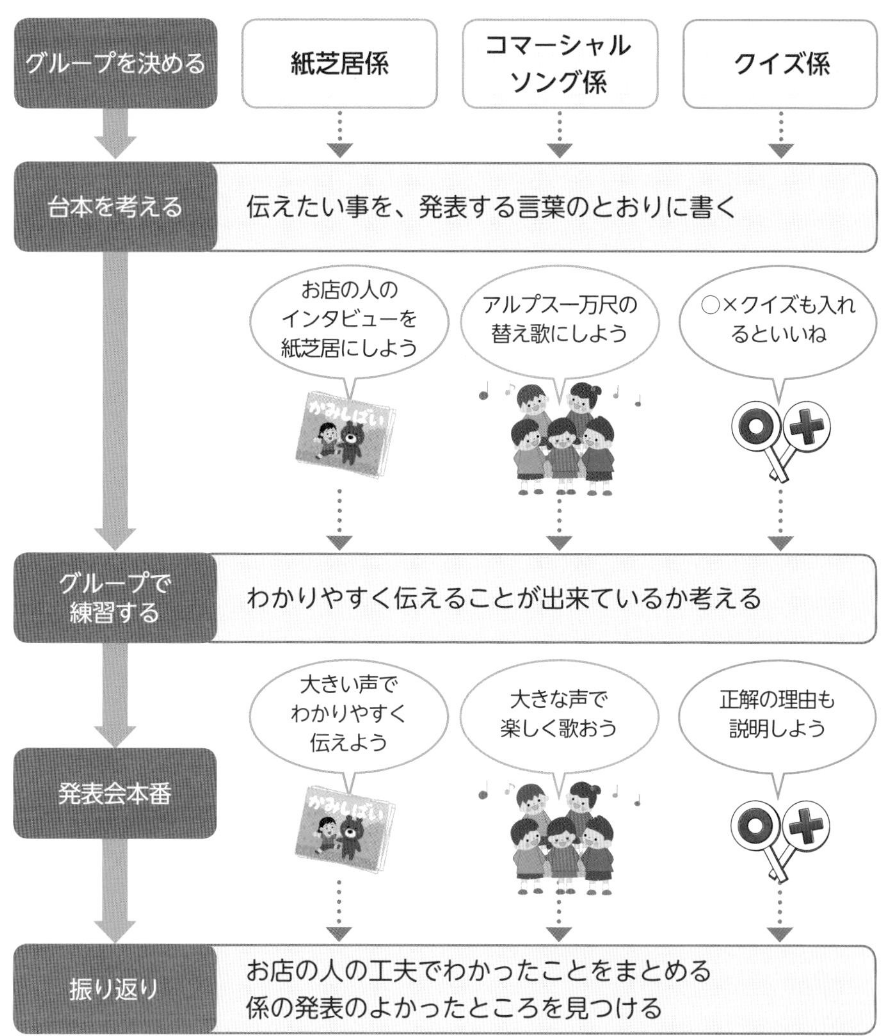

（梅垣紀子）

町のすてきのはっぴょう会をしよう

▶▶他のグループの発表を聞き、その工夫やよさを見つけることが出来る。

練習を重ねていよいよ発表会となる。インタビューなどで保護者の付き添いなどもあった。そのお礼も兼ね、参観日に行うと、保護者に喜ばれるし、子どもたちは、はりきる。

1.発表会をしよう

45分の授業時間で全てのグループが発表出来るよう、交代時間を含め、タイム管理をきちんとしていく。テンポよく進めることで雰囲気が緩むこともない。

●1グループ（3、4人）が8グループ程度とする。
●Aグループ発表（3分程度）→B～Hグループは発表をメモしながら聞く。
C～Iグループ感想を発表。Bグループは、発表準備(2分以内)。
●Bグループ発表(3分程度)→A、C～Hグループは発表をメモしながら聞く。
↓　…
●Hグループ発表（3分程度）→A～Gグループは発表をメモしながら聞く。
A～Gグループ感想を発表。
全部のグループの中で特によかった発表について、感想を出し合う。

子どもたちの個性が光り、達成感を持たせることが出来た。参観では、保護者の方々がお腹を抱えて笑い転げる場面もあり、大好評だった。

発表会をメモしよう　名まえ

グループ	調べた店	工夫したところ よかったところ
A		
B		
C		
D		
E		
F		
G		
H		

2.発表例「○×シューズの秘密」

4つ切り画用紙に大事な用語やイラストをかいて、紙芝居風に発表。見やすいように、一枚に多く描きすぎないことを教えた。

■ 3人の子どもたち（A・B・C）で紙芝居風に発表する場合。□は紙芝居。

○×シューズの秘密

ＡＢＣ「○×シューズの秘密」

メンバーの名前 付き添った保護者の名前

Ａ「一緒に来てくださった、○○さんのお母さん、ありがとうございました」

絵地図

お店の絵

店員さんの顔

インタビュー再現

Ａ「くつを売る時に気をつけていることは、何ですか」

Ｂ「お客さんとお話をしながら、その人に合ったくつをそろえることです」

Ｃ「お店をしていてうれしいことは何ですか」

Ａ「お客さんが似合うくつを買ってよろこんでくれることです」

Ａ「他にどんなことに気をつけていますか」

Ｂ「お店をいつもきれいにして、入ってもらいやすくしています」↗

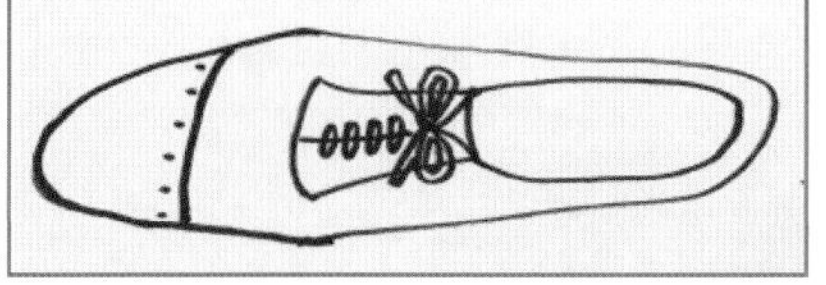

Ｃ「人気のくつはどんなのですか」

Ｂ「ストレートチップが人気です」

問題１：くつが一番うれる季節は？

Ａ「さてここで問題です。くつが一番売れる季節はいつでしょう」

Ｂ「春だと思う人？夏？秋？冬？」

春

Ｃ「正解は、春です。入学する人、就職する人がいるからです」

問題２：○×シューズは出来て何年でしょう

Ａ「○×シューズは出来て何年でしょう」

Ｂ「○○さん、どうですか？」

Ｃ「ちがいます。もっと長いです」

20年

Ａ「私たちが生まれるずっと前からこの町でくつを売っていたのですね」

コマーシャルソング

Ａ♪「○×シューズ〜、安くてルルル〜すてきなくつや〜……」（替え歌）

まとめ

Ｂ「お店見学をしてわかったことは……」

Ｃ「お世話になったみなさんありがとうございました」

（向井淳子）

あしたへジャンプ・全体構造図

▶▶自分の成長を振り返ろう。

7. あしたへジャンプ　全12時間

大きくなった自分のことをふりかえろう

〈自分の成長に関心をもち、成長の具体的な様子を振り返る〉

見つける　自分がほんのちょっとでも成長したことは、どんなことでしたか。

比べる　友達が見つけてくれた「あなたが成長したこと」は、どんなことでしたか。

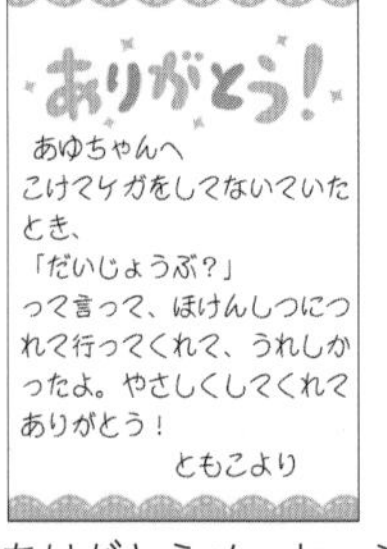

▲ありがとうメッセージ

▲すごいねカード

大きくなった自分のことをしらべよう

〈自分の成長の様子やよさ、これからの成長への思いを工夫して表現する〉

工夫する　もっと小さかった時の自分のことを調べるには、どんな方法がありますか？

【評価のポイント】

■ 多くの人の支えにより、自分が大きくなったことや自分で出来るようになったことなどがわかっている。

■ 自分自身の生活や成長を振り返ることから、自分のことや支えてくれた人々について考えている。

■ これまでの生活や成長を支えてくれた人々に感謝の気持ちをもち、これからの成長への願いをもって、意欲的に生活しようとしている。

見通す

「自分で見つけた自分の成長」
「友達が気づかせてくれた自分の成長」
「お家の方や先生方が教えてくれた自分の成長」
たくさんの成長を集めたね。
今日から、それをまとめていくよ。
どんな方法でまとめたい？

ありがとうの気もちを伝えよう

〈自分を支えてくれた人たちに感謝し、今後も成長するために意欲的に生活する〉

（石橋浩美・南舞衣）

大きくなった自分のことをふりかえろう

▶▶自分の成長に関心をもち、成長の具体的な様子を振り返る。

1. こんなに成長したよ！

準備する資料

・スライドショー　・作文集　・絵画作品……など。

① 自分大賞を決める

自分がほんのちょっとでも成長したことは、どんなことでしたか。

努力の途中でもいいことを伝える

・漢字をノートのマスいっぱいに大きな字でていねいに書けるようになった。
・九九をスラスラと唱えたり、全部覚えたりすることが出来た。
・自分から元気な声であいさつが出来るようになった……など。

学習
生活
遊び
当番

【ポイント】
・一文に１つのことを書くように指導する。
・１年生のときに比べて、幼稚園のときに比べて、のように、比べて成長を見つけられるようにする。
・どうしても自分で見つからないときは、友達や先生が見つけたことを書くように促す。

② 友達大賞を決める

友達が見つけてくれた「あなたの成長」は、どんなことでしたか。

すごいねカード

ありがとうメッセージ♥

二重跳びが出来るように
なったね！

・二重跳びが出来るようになった。
・音読のとき、みんなに聞こえるような声が出せるようになった。
・友達の良いところをたくさん見つけられるようになった。
・大縄大会のとき、縄に引っかかってしまった友達に優しく「どんまい。だいじょうぶやで」と言うことが出来た。
・教室のすみの小さなゴミも見つけて、しっかりそうじ出来るようになった。
・ひとりぼっちになる子がいないように、みんなに「あそぼう！」と声をかけた。
……など。

2. この単元を成功させるポイント！

１学期から計画的に「ありがとうカード」「すごいねカード」を書く取り組みを継続しておく！

このカードを１年間ためておき、この単元で見返すことで、自分では気づかなかった「自分の成長」に改めて気づくことが出来る。　（石橋浩美・南舞衣）

大きくなった自分のことをしらべよう

▶▶自分の成長の様子やよさ、これからの成長への思いを工夫して表現する。

1. もっと小さい時のことを知りたいな

① もっと小さい時のこと、どうやって調べよう？

もっと小さかった時の自分のことを調べるには、どんな方法がありますか？

・お家の人に、自分の小さい頃の写真を見せてもらう。
・保育園の先生に、どんな保育園児だったのかインタビューする。
・幼稚園の先生に話を聞いたり、自分たちが使っていた椅子の大きさと、今、小学校で使っている椅子の大きさを比べたりする。
・1 年生のときの担任の先生に、入学してすぐの頃の様子を聞く。
・小さいころから続けている習い事の先生に話を聞いたり、小さいころの作品と今の作品を比べたりする。

〈 インタビュー 〉
〈 電話・ファックス 〉
〈 手紙 〉で調べる

※町探検で、インタビューしたことを思い出させ応用する。
※まわりの方々に協力を得られるかどうか、事前に確認しておく。

② 調べたことをワークシートにまとめる

【ポイント】
① 誰に聞いたか。
② 何歳の時のことか。
③ その時の具体的なエピソード。
④ 写真を貼ったり、簡単なイラストを描いたりする。
⑤今の自分と比べて思ったことを感想に書く。

2.楽しく！ おもしろく！ まとめよう

見る人が「おっ！」と思わず読みたくなるようなまとめ方がいいね！
どんな方法があるかな？

例をたくさん示して実際に見せることで、どんどんイメージを膨らませるようにする。

苦手な子どもも見本があることで、安心して取り組める。色々なアイデアが浮かぶ子どもは、見本や教科書にないことでもどんどんやらせる。また、そのことを全体へ紹介し広げる。

（石橋浩美・南舞衣）

ありがとうの気もちをつたえよう

▶▶自分を支えてくれた人たちに感謝し､今後も成長するために意欲的に生活する。

■ ありがとう大作戦！

①「ありがとう」はグルグル回って広がって、さらにパワーアップ!!

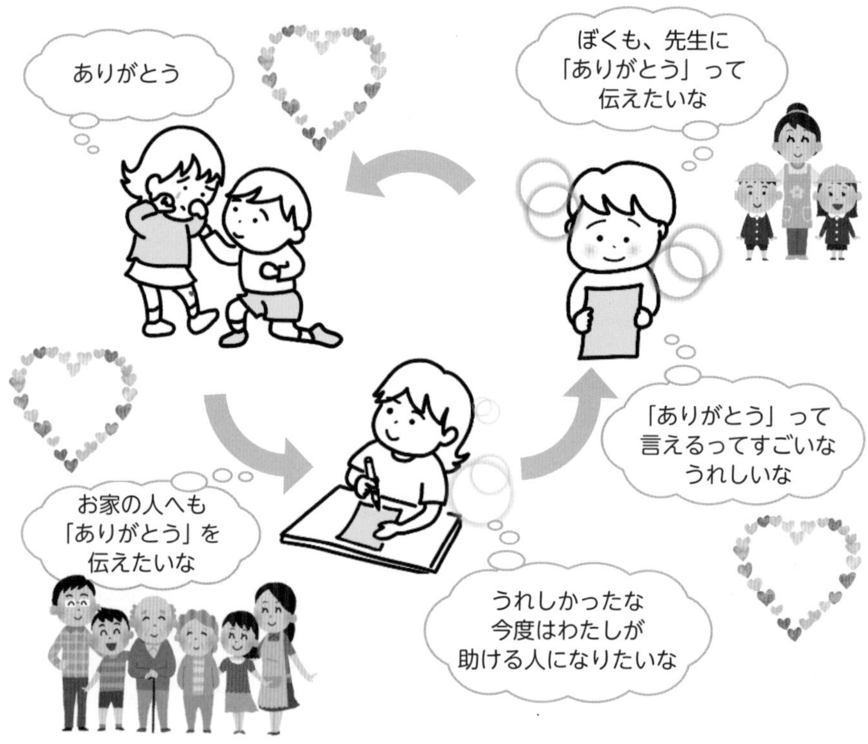

みんなが、「成長したこと」をまとめていく様子を見ていて、「みんなは本当にたくさんの人に支えられてここまで成長してきたんだなぁ」と改めて感じました。

最初に書き出したノートを見て、どんな人の支えがあったから、自分が成長出来たのかを書き加えていく。

成長したこと▶頑張ってお世話をしたから、ミニトマトがたくさん出来た。

支えてもらったこと

- 先生がはげましてくれた。
- 忘れずに毎日水やりをする友達を見て自分もやろうと思った。
- 出来ないときに、助けてくださった管理作業員さんがいた。

成長したこと▶漢字をていねいに書けるようになった。

支えてもらったこと

- 先生がいつも丸つけをしてはげましてくれた。
- お母さんがノートを見て「ていねいだね！」と褒めてくれた。
- おねえちゃんのような字が書きたいとあこがれた。

② 感謝の気持ちを伝えて広げよう！

手紙を書くときは、具体的なエピソードを入れて、なぜ感謝の気持ちを伝えたいと思ったのかが、わかるように書くように助言する。

発表会　・写真や動画　・作品

> ICT 機器を使える環境であれば、タブレットで撮影した動画や音声も入れて、スクリーンやテレビに映しながら発表会をするとより思いが伝わる。

> お母さんへ
> わたしはこの１年間で、かん字がとても
> じょうずに書くことができるようになりました。
> わたしのノートを見て、お母さんが
> 「すごくていねい！」
> とほめてくれるのがうれしくて、毎日がんばる
> ことができました。
> また、明日のじゅんびをしているとき
> 「えんぴつは、けずった？」
> と声をかけてくれたので、いつもふでばこの中は
> けずったピンピンのえんぴつでした。
> お母さんありがとう。
> ３年生になっても、つづけていきます。また、
> ほかのことにもどんどんチャレンジして、できる
> ことをふやしていきたいです。

声 みんなにしっかり届けるよ！

目線 みんなをしっかり見るよ！

国語科でのスピーチ活動を生かして！

③ さらにパワーアップ作戦（来年度（３年生）に向けて）

３年生になっても、今の気持ちを持ち続けて頑張ってほしいという教師の気持ちを伝える。また、努力してもなかなか成果が出にくいときもあるけれど、くじけず頑張ってほしいという思いを伝えたい。これには『努力のつぼ』という話が最適である。

『努力のツボ』のお話を視聴出来ます。

参考HP（辻野裕美氏「TOSSランド『努力のつぼ』」）

（石橋浩美・南舞衣）

◎執筆者一覧　※印は編者

勇　和代	大阪府公立小学校教諭	※
寺田真紀子	大阪府公立小学校教諭	
山根麻衣子	兵庫県公立小学校教諭	
松浦由香里	和歌山県公立小学校教諭	
西田麻衣子	兵庫県公立小学校教諭	
岡崎昌美	大阪府公立小学校教諭	
溝端久輝子	兵庫県公立小学校教諭	
井上和子	徳島県公立小学校教諭	
原田朋哉	大阪府公立小学校教諭	※
筒井隆代	大阪府公立小学校教諭	
阿部美奈子	大阪府公立小学校教諭	
山本東矢	大阪府公立小学校教諭	
中谷康博	大阪府公立小学校教諭	
木谷圭介	大阪府公立小学校教諭	
木村雄介	大阪府公立小学校教諭	
神谷祐子	大阪府公立小学校教諭	
梅垣紀子	大阪府公立小学校教諭	
向井淳子	大阪府公立小学校教諭	
石橋浩美	大阪府公立小学校教諭	
南　舞衣	大阪府公立小学校教諭	

◎監修者

谷　和樹（たに・かずき）

玉川大学教職大学院教授

◎編者

勇　和代（いさみ・かずよ）

原田朋哉（はらだ・ともや）

授業の腕が上がる新法則シリーズ

「生活科」授業の腕が上がる新法則

2020年5月25日　初版発行
2022年8月30日　第2版発行

監　修　谷　和樹
編　集　勇　和代・原田朋哉
執　筆　「生活科」授業の腕が上がる新法則　執筆委員会

発行者　小島直人
発行所　株式会社学芸みらい社
〒162-0833　東京都新宿区箪笥町31番 箪笥町SKビル３F
電話番号 03-5227-1266
https://www.gakugeimirai.jp/
E-mail : info@gakugeimirai.jp
印刷所・製本所　藤原印刷株式会社
企　画　樋口雅子
校　正　岡野真実
装　丁　小沼孝至
本文組版　橋本　文

落丁・乱丁本は弊社宛お送りください。送料弊社負担でお取り替えいたします。

ISBN978-4-909783-41-7 C3037